알렉산드로스와 헬레니즘 (동서융합의 대제국을 꿈꾸다)

오리엔트 원정이라는 원대한 목표를 향해 돌진하여
헬레니즘 시대를 연 알렉산드로스 대왕의 일대기

알렉산드로스가 정복한 제국의 최대 영토

흑해 · 카스피해 · 이소스 · 지중해 · 티로스 · 수사 · 페르세폴리스 · 멤피스 · 이집트 · 아라비아 · 인도

[알렉산드로스와 헬레니즘] 주요 연표

BCE	·336년	마케도니아 왕국의 필리포스 2세가 암살당함. 알렉산드로스가 마케도니아의 왕위에 오름
	·335년	알렉산드로스가 그리스 세계를 평정함
	·334년	알렉산드로스가 오리엔트 원정을 시작함
	·333년	알렉산드로스가 이소스 전투에서 승리함
	·332년	알렉산드로스가 티로스 성을 함락시키고 이집트 멤피스에 입성함
	·330년	알렉산드로스가 페르세폴리스에 입성함
	·327년	알렉산드로스가 인도 원정을 시작함
	·326년	알렉산드로스가 인더스강을 건너 히다스페스 전투 승리 이후, 회군을 결정함
	·324년	알렉산드로스가 옛 페르시아 제국의 수도 수사(Susa)로 귀환함
	·323년	알렉산드로스가 사망함. 이후 디아도코이에 의해 제국이 분열됨
	·2세기~1세기	신흥강국 로마가 마케도니아를 속주로 편입하고 셀레우코스 왕조를 멸망시킴
	·31년	악티움 해전에서 프톨레마이오스 왕조의 군대가 로마 군대에 패배함

알렉산드로스와 헬레니즘

Thinking Power Series - World History Collection 07

Alexander the Great and the Hellenistic World

Written by Lee Gun Hyuk.
Published by Sallim Publishing, 2018.

제4차 산업혁명 세대를 위한
생각하는 힘 세계사컬렉션 **07**

동서융합의 대제국을 꿈꾸다

알렉산드로스와 헬레니즘

이근혁 지음

살림

알렉산드로스는 '금수저' 출신의 '상남자'였다?!

알렉산드로스(Alexandros)라는 이름은 영미권뿐만 아니라 전유럽에서 오늘날에도 흔히 쓰이는 남성 이름이다. 이 이름은 고대 마케도니아의 왕이 되어 유럽·아시아·아프리카를 호령했던 알렉산드로스(Αλέξανδρος) 대왕의 라틴어식 이름인 알렉산데르(Alexander)에서 따온 것이다. '알렉산드로스'는 '보호한다'는 뜻의 그리스어 '알렉소(αλέξω)'와 '사람'을 뜻하는 '안드로스'(ανδρος)가 합쳐진 단어로 '수호자' 또는 '보호자'라는 의미를 가지고 있다.

하지만 알렉산드로스 대왕(재위: 기원전 336~기원전 323)은 실제로는 왕국을 수호하고 보호하는 삶이 아닌, 이민족을 공격하고 새로운 모험에 도전하는 삶을 살았다. 수많은 전설을 남긴 알렉산드로스 대왕의 이야기는 언제 들어도 매력적이고 흥미진진하다. 10년 동안 오리엔트로 정복 전쟁을 펼쳤던 알렉산드로스는 연전연승하며 제국의 영토를 광대하게 확장시켰다. 그는 동서문화가 융합된 헬레니즘 시대를 여는 등 세계사에 크게 이바지했다.

알렉산드로스가 살았던 무렵 그리스 문명권은 위기와 혼란의 시기였다. 그리스 문명권은 기원전 490년대 이후로 약 50년 동안 페르시아의 침입을 세 차례나 겪었다. 이 전쟁을 마치고 약 20년 후 그리스의 폴리스들은 기원전 431년부터 약 25년간 펠로폰네소스 전쟁을 일으켜 서로 싸우다가 국력이 피폐해졌다. 그후 기원전 338년, 마케도니아의 왕 필리포스 2세가 그리스 세계를 정복했다.

기원전 336년, 필리포스 왕이 갑자기 죽자, 청년 알렉산드로스가 마케도니아의 왕으로 등극했다. 전투에서 한 번도 패배한 적이 없는 알렉산드로스는 역사상 가장 성공한 군사 지도자 가운데 한 사람으로 평가되고 있다. 계속되는 전쟁 속에서도 알렉산드로스는 지치는 법이 없었다. 알렉산드로스는 기원전 336년부터 기원전 323년 사이에 '세계의 끝'까지 가려는 일념하에 수많은 전투를 치렀다. 이 원정에서 알렉산드로스가 이끈 군대는 카이로네이아 전투·그라니코스 전투·이소스 전투·가우가멜라 전투·히다스페스 전투 등에서 연달아 승리했다. 이들은 오늘날 그리스 본토, 동부 지중해 연안, 메소포타미아와 이란, 중앙아시아, 파키스탄 일대를 누볐다.

알렉산드로스는 그 용맹함과 추진력에서 단연 독보적이다. 자신의 운명을 개척하는 그의 용기는 율리우스 카이사르, 나폴레옹 등 수많은 후세의 정복자들에게 영감을 주었다. 21세기를 사는 한국인은 탁월한 전술을 구사하며 전쟁터를 누빈 그를 어떻게 묘사할 수 있을까? 아마도 '금수저'와 '상남자', 이 두 가지 키워드로 알렉산드로스를 표현할 수 있지 않을까 싶다.

알렉산드로스는 확실한 '금수저'를 물고 태어났다. 알렉산드로스의 아버지는 마케도니아 왕국의 군주였다. 기원전 356년, 마케도니아의 수도 펠라에서 태어난 알렉산드로스는 아버지 덕분에 당대 최고의 학자였던 아리스토텔레스로부터 일종의 최고급 사교육을 받을 수 있었다. 그는 불과 스무 살의 나이에 아버지 필리포스 2세를 계승해 왕이 되었다. 하지만 알렉산드로스에게 나이는 문제가 되지 않았다. 필리포스 2세가 알렉산드로스로 하여금 정복 전쟁을 할 수 있도록 강력한 군대를 남기고 세상을 떠났기 때문이다.

우리 역사에서도 비슷한 경우를 찾아볼 수 있다. 삼국시대의 여러 왕 가운데 고구려 땅을 크게 넓힌 광개토대왕과 그의 아들 장수왕이 떠오른다. 이들 부자가 활발한 정복 전쟁에 나설 수 있었던 것은 선대의 소수림왕이 체제를 정비한 덕분이었다. 그는 한때 위기에 빠졌던 고구려를 살리기 위해 중국으로부터 율령·불교·유학을 받아들였다. 소수림왕의 혁신과 철저한 준비 과정을 통해 고구려는 5세기에 동북아시아의 맹주로 군림할 수 있었다. 알렉산드로스의 업적 역시 아버지인 필리포스 2세가 만들어 준 군대가 기반이 되었음을 부정할 수 없다.

알렉산드로스는 대단한 '상남자'이기도 했다. 알렉산드로스는 서남아시아와 북아프리카 지역에 대한 군사 정복 활동으로 20대를 보냈다. 여러 도시를 급박하게 몰아쳤던 그의 군사 작전은 파죽지세라는 수식어로도 부족해 보인다. 수적인 열세에도 불구하고 알렉산드로스는 늘 적을 압도했다. 초조함과 압박감, 스트레스를 받았을 상황에서도 그는 극도로 침착하고도 대담했다.

마케도니아 출신의 병사들은 알렉산드로스가 전쟁터에서 보여준 용기에 크게 고무되었다. 그래서 불과 10여 년 만에 알렉산드로스가 세운 제국은 그리스를 시작으로 남쪽으로는 이집트, 동쪽으로는 인도 북서부까지 확장됐다. 그는 고대 서양에 전례가 없던 대제국을 건설했던 것이다.

　알렉산드로스는 역사 속에 자신의 이름을 확실하게 남겼다. 오늘날 많은 이들이 그를 영웅의 전형으로 생각한다. 서양사를 많이 접하지 못한 문외한이라 해도 알렉산드로스 대왕의 이름을 모르는 사람은 거의 없을 것이다. 하지만 알렉산드로스가 실제로 어떠한 인물이었고 그가 어떠한 나라를 세우고자 했는지 아는 사람은 얼마나 될까?

　다행히 고대의 역사가가 남긴 기록이 현재까지 전하고 있다. 알렉산드로스가 죽은 뒤 300여 년이 지난 후에 로마의 정치가 아리아노스는 알렉산드로스의 일대기를 조사하여 책으로 묶었는데, 이 책의 제목이 바로 『알렉산드로스 원정기』이다. 그는 알렉산드로스라는 인물에 얽힌 많은 신화적인 요소를 배제하고 공정한 태도를 유지하고자 노력했다. 아리아노스는 알렉산드로스의 단점에 대해서도 객관적으로 기술했다. 자제력이 부족하다거나 음주벽이 있다거나 신이 되고자 할 정도로 오만했다거나 과도한 정복욕으로 일을 그르쳤다 등의 서술이 눈에 띈다. 그는 알렉산드로스의 성품을 다음과 같이 한 문장으로 평했다.

　"나는 한 인간이 아무리 위대한 일을 성취한다고 해도 자기 절제

능력을 갖추고 있지 않다면 그 사람의 행복에는 아무런 소용이 없다고 생각한다."

이 짧은 문장에서 아리아노스는 알렉산드로스가 자기 자신을 통제할 줄 몰랐다는 비판을 암묵적으로 하고 있는 것처럼 보인다. 그렇다면 아리아노스의 인물평은 정당한 것일까?

과연 알렉산드로스는 어떠한 인물이었을까? 그리고 알렉산드로스는 어떤 나라를 세우고자 했을까? 그리고 알렉산드로스가 21세기를 사는 한국인에게 주는 교훈은 무엇일까? 지금으로부터 약 2,300년 전에 있었던 일들을 살펴보면서 이러한 질문들에 나름대로 답해나가기를 바란다.

2018년 4월

이근혁

• 차례 •

제4장   헬레니즘 시대에 꽃핀 독창적인 문화

제5장   헬레니즘 제국의 멸망과 그 부활

역사 속에는 수많은 정복자들이 있다. 그러나 알렉산드로스만큼 넓은 지역을 빠른 속도로 점령한 정복자도 없을 것이다. 알렉산드로스의 아버지 필리포스 2세는 아들에게 많은 것을 물려줬다. 그것은 바로 비상한 정치 감각과 마케도니아 왕국의 탁월한 군사력이었다. 필리포스 2세가 암살당한 후, 그의 아들 알렉산드로스는 마케도니아의 군주가 되어 그리스 세계를 통일했다. 그가 그리스 세계를 통일했던 까닭은 저 멀리 오리엔트로 원정을 떠나기 위해서였다.

제1장

마케도니아의 통치자

펠로폰네소스 전쟁으로 그리스 세계가 약화되다

지중해 일대에는 기원전 3000년경 이래로 수많은 문명이 꽃을 피웠다. 일찍이 미노스 문명·미케네 문명이 번성했고, 기원전 1100년경 이후로는 고대 그리스 시대로 접어들었다.

이 무렵 페니키아 문명은 기원전 1200년경에서 기원전 900년 경까지 지중해를 가로질러 여러 식민지를 건설하며 성장했다. 페니키아 문명으로부터 알파벳을 물려받은 한 문명이 에게해(海) 일대의 해안가에서 꽃을 피웠다. 이 문명은 연중 따뜻하지만 산이 많은 거친 자연환경 속에서 우후죽순처럼 도시국가, 즉 폴리스(Polis)를 만들어나갔다.

이들은 기원전 776년부터 4년마다 올림픽 대회를 열고 친선을 도모하기도 했다. 이 고대 올림픽 대회는 4년에 한 번, 그리스의 모든 폴리스들이 서로 싸움을 멈추고 친선 운동경기를 하는데 목적이 있었다. 그만큼 여러 폴리스들은 서로 자주 싸우고 경쟁하면서 발전해갔던 것이다.

이처럼 에게해 일대에 여러 개의 폴리스로 구성되어 있었던 공동체를 그리스 문명권이라고 부른다. 그 가운데 가장 세력이 컸던 폴리스는 단연 아테네와 스파르타였다. 크레타섬에서 가까운 남부 지역에 자리 잡고 있던 두 폴리스는 서로 경쟁하며 빠르게 발전하고 있었다.

하지만 기원전 338년, 마케도니아의 왕 필리포스가 그리스 문명권을 정복하는 일대의 사건이 발생했다. 어떻게 그리스 세계의 중심부가 아닌 북쪽 변방 지역의 마케도니아가 그리스의 여러 폴리스들을 점령할 수 있었을까?

이 이야기를 풀어가려면, 약 150년 전에 있었던 큰 전쟁부터 살펴보아야 한다. 기원전 492년, 다리우스 대왕(재위: 기원전 522~기원전 486)이 이끄는 페르시아의 대군이 그리스 세계를 정복하고자 쳐들어왔다. 여러 폴리스들은 이 위기 상황에서 하나로 연합해 페르시아 군대를 몰아내고자 했다. 아테네와 스파르타를 중심으로 힘을 모은 그리스의 폴리스들은 기적적으로 페르시아의 공격을 물리쳤다.

하지만 페르시아의 다리우스 대왕이 기원전 486년에 세상을 떠나자, 그의 아들 크세르크세스 1세가 나섰다. 그는 아버지가 못다 이룬 그리스 정복의 과업을 이루기 위해 기원전 480년에 거대한 군대를 이끌고 두 번째로 그리스를 침공했다. 이때 스파르타에서 온 300명의 용사가 테르모필라이 협곡에서 페르시아의 대군에 맞서 용감하게 싸웠으나, 적은 수의 용사로 페르시아의 대군을 대적하기에는 역부족이었다.

한때 페르시아 군대는 그리스 대부분의 지역을 장악했으나, 살라미스 해전(기원전 480)에서 결정적인 패배를 당했다. 이 전투에서 주도적인 역할을 했던 아테네는 육지로 쳐들어온 페르시아 군대를 기원전 479년, 그리스 본토 플라타에아에서 무찌르기도 했다. 그 후로도 크고 작은 전투가 계속되었으나 페르시아의 군대는 뚜렷한 성과를 거두지 못했다.

그러다가 기원전 465년, 페르시아의 크세르크세스가 측근 아르타바노스에게 암살되면서 페르시아 전쟁의 구심점이 사라졌다. 결국 기원전 448년경 아테네를 중심으로 한 동맹국과 페르시아 왕 아르타크세르크세스 1세 사이에 칼리아스 평화조약이 맺어지면서 기나긴 전쟁은 끝이 났다.

페르시아 전쟁에서 승리한 그리스는 잠시 동안이나마 번영을 누렸다. 특히 아테네는 약 50년간 문학·미술·정치 등 모든 분야에서 황금 시대를 누렸다. 아테네는 전쟁을 겪으며 운영했던 선단을 활용해 에게해와 흑해에서 상권을 장악하며 막대한 부를 축적했다. 이를 토대로 아테네인은 델로스 동맹을 결성하여 동맹국들의 재정과 외교를 좌지우지하면서 에게해 일대를 호령했던 것이다.

하지만 이 전쟁이 끝이 아니었다. 페르시아 전쟁이 끝난 뒤, 아테네와 스파르타 사이에 그리스 세계의 패권을 놓고 갈등이 시작되었다. '민주주의'라는 체제를 강요하는 아테네의 압박에 시달리던 폴리스들은 스파르타에게 구원을 청했고, 아테네와 스파르타 사이에는 극도의 긴장이 흐르게 되었다.

결국 아테네를 지지하는 폴리스들과 스파르타를 지지하는 폴리스들 사이에 전쟁이 벌어졌다. 오늘날의 관점에서 보면 일종의 내전이라고 볼 수 있는 이 전쟁은 기원전 431년에 일어났다. 스파르타가 있는 펠로폰네소스 반도에서 주로 전투가 벌어져서 이 전쟁을 펠로폰네소스 전쟁이라고 부른다.

거의 30년간 벌어진 이 전쟁 속에 아테네를 비롯한 여러 폴리스의 국력은 크게 소모됐다. 마침내 기원전 404년, 아테네가 스파르타에 패배함으로써 펠로폰네소스 전쟁은 끝이 났다. 이로써 아테네의 영광은 역사의 뒤안길로 사라지고 말았다. 하지만 이 전쟁에서는 패자만 남았을 뿐, 승자가 없었다.

수십 년간 그리스인끼리 싸움을 벌이는 동안 이전 전쟁에서 패했던 페르시아는 이 싸움을 부추기면서 그리스 세력이 약화되기를 바랐다. 비록 스파르타 세력이 승리를 거두기는 했지만 그리스 전체를 파탄으로 몰아넣은 폐허 위의 승리에 지나지 않았다.

전쟁에서 승리한 스파르타의 국력도 이미 크게 쇠잔해진 상태였다. 오랜 전쟁의 결과 스파르타는 그리스 문명권을 지킬 군사력을 거의 상실하고 말았다. 스파르타는 펠로폰네소스 전쟁이 끝난 지 겨우 15년 만에 코린토스 전쟁에서 아테네 세력에게 패했고, 30년 후에는 테베에게 무릎을 꿇었다. 호시탐탐 기회를 노리고 있던 테베가 남하하여 그리스 문명권의 군사적 패권을 잡았던 것이다.

하지만 테베의 주도권 역시 오래가지 못했다. 테베는 이전에 아테네가 그리스 세계를 호령했던 정도의 통치력을 발휘할 수 있는 수준의 폴리스는 아니었다. 잠시 테베의 지배를 받고 있던 그리스 세계는 이후 젊은 마케도니아의 군주 알렉산드로스에 의해 정복됐다.

막강한 페르시아 군대를 막아내며 굳게 단합했던 그리스인은 외적의 침입을 막아내긴 했지만, 서로 분열되고 싸우면서 자신들의 패망을 자초했다.

02

마케도니아의 필리포스 2세가 위세를 떨치다

그리스 문명권이 외적의 침입을 막아내고 내전에 휩싸여 약해지는 동안, 서서히 강성해진 왕국이 있었다. 아테네로부터 저 멀리 북쪽에 자리 잡은 곳에서 마케도니아가 약진하고 있었던 것이다. 마케도니아를 급성장시켰던 인물이 바로 필리포스 2세(재위: 기원전 359~기원전 336)였다. 그는 기원전 382년에 펠라라는 도시에서 태어났다. 펠라는 마케도니아 왕국의 수도로서 매우 번성한 도시였다. 이 도시는 그리스 문명을 받아들이는 데 적극적이었고, 이곳 사람들은 그리스의 학문과 예술을 흠모했다. 그래서 그리스인 가운데는 여생을 이곳에서 보내는 경우도 적지 않았다.

아테네에서 태어난 그리스의 비극 시인 에우리피데스(기원전 484년 경~기원전 406년경)가 그 대표적인 예이다. 그는 수많은 작품으로 유명해져 당대에 소크라테스·프로타고라스 등 유명한 사상가와도 교유했는데, 말년에는 마케도니아의 수도 펠라에 가서 여유롭게 여생을 보냈다.

필리포스 2세는 마케도니아의 왕 아민타스 3세의 막내아들로 태어나 펠라에서 그리스 문화를 향유하며 유복하게 자랐을 것이다. 하지만 그의 어린 시절은 그리 순탄치만은 않았다. 인근 왕국인 테베에 볼모로 잡혀가는 신세가 되고 말았기 때문이다. 하지만 이 시간이 필리포스 2세에게는 오히려 전화위복의 기회가 되었다.

필리포스 2세는 테베에 있는 동안, 당시 최고의 전략가이자 장군이었던 에파미논다스(기원전 410년경~기원전 362)에게서 군사·외교 기술을 배울 수 있었다. 기원전 4세기 테베의 장군이자 정치가로서 그는 테베를 스파르타의 지배에서 벗어나 그리스 세계의 정상에 세웠다. 이 과정에서 에파미논다스는 기원전 371년에 일어난 레욱트라 전투에서 스파르타의 군사력을 무너뜨리고, 200여 년간 스파르타의 노예로 살던 메세니아의 헤일로타이(heilotai)들을 해방했다.

에파미논다스는 이와 같이 그리스의 정치 지형을 바꾸고 옛 동맹을 해체하여 새로운 동맹을 결성했으며, 전체 도시의 건설을 감독했다. 그는 여러 주요 전술을 고안하고 실행하여 군사적으로도 영향력이 있었다. 야심이 많았던 필리포스가 에파미온다스 장군을 가까이서 관찰하며 배울 수 있었던 것은 필리포스 자신에게 호기였음이 틀림없다.

마케도니아인은 본래 그리스인과 같은 계통임에도 불구하고, 본토의 그리스인으로부터 무시를 당하는 신세였다. 아테네를 중심으로 한 그리스 중심부와 비교했을 때, 변방에 속하는 마케도니아의 문화 수준이 상당히 낮았기 때문이다. 하지만 훗날 마케도니아의 왕이 된 필리포스가 정치적 볼모가 되어 테베로 유학을 다녀온 후부터 마케도니아의 운명은 크게 달라졌다. 마케도니아는 이제 학문과 건축 기술 등 다방면에서 그리스 본토의 문화를 모방하며 나날이 발전해갔다.

그러던 중 기원전 371년에 테베와 스파르타가 그리스 중부에 있는 룩트라에서 맞붙는 사건이 벌어졌다. 그리스 세계에서 막강한 군사력을 자랑하던 스파르타군은 이 전투에서 뜻밖의 패배를 당했다. 잘 짜인 방진(方陣)으로 전투에 임한 테베군의 공격에 스파르타군은 지휘관을 잃은 채 도망치는 신세가 되어버렸다.

• 마케도니아의 필리포스 2세를 묘사한 상아 조각상
알렉산드로스의 아버지 필리포스 2세는 강력한 군사력과 외교술로 마케도니아를 부흥시키고 그리스 세계를 압박했던 왕이다. 마케도니아의 베르기나에서 1970년대 고대 마케도니아의 무덤이 발견되었다. 여기서 높이 3.2센티미터 크기의 이 자그마한 상아 조각상도 출토되었다.

이 사건은 스파르타에게 큰 충격이었다.

이 전쟁 소식을 유심히 지켜본 인물이 있었으니, 바로 필리포스였다. 그는 이 전투에서 테베군이 어떻게 전술을 펴는지, 어떠한 지휘 체계로 운용되는지를 습득했다. 훗날 마케도니아의 왕이 된 필리포스에게 이 경험은 큰 자산이 되었을 것이다. 아마도 그는 테베군의 전투대형을 유심히 살펴보고, 훗날 이들의 전법을 꺾을 수 있는 새로운 전투대형을 구상하기도 했을 것이다.

기원전 364년, 20대 초반의 혈기왕성한 청년 필리포스가 왕자의 신분으로 고국 마케도니아로 돌아왔다. 그러나 몇 해가 지나지 않자 필리포스에게 기회가 찾아왔다. 기원전 359년, 마케도니아의 왕이자 필리포스의 형이기도 한 페르디카스 3세가 일리리아의 바르딜리스와 싸우다가 전사했던 것이다. 야심이 많았던 필리포스는 마침내 마케도니아의 왕좌에 앉게 되었다.

하지만 이 무렵, 마케도니아의 대외 정세는 극도로 불안했다. 마케도니아는 파이오니아와 트라키아뿐 아니라 아테네로부터도 침략의 위협을 받고 있었다. 이 위기 속에서 필리포스는 남다른 외교 수완을 발휘했다. 그는 즉위하자마자 외교 사절을 보내 파이오니아·트라키아와 평화 협정을 맺었다. 이후 아테네의 침략을 격파하는 데 성공함으로써 정치적인 입지를 다졌다.

그러나 필리포스의 야심은 이보다 더 컸다. 단순히 왕국의 평화를 유지하는 수준에서 만족할 그가 아니었다. 필리포스는 그리스를 하나로 통일하고자 했다. 약 150년 전 그리스를 침략했던 페르시아에 복수를 하기 위한 것이었다. 필리포스가 세운 이 목표는 당시 숱한 전쟁으로 피폐해진 그리스인의 눈에는 허황된 것으로 보였을지 모른다.

하지만 필리포스가 세운 이 목표는 실제로 달성되었다. 물론 필리포스 자신이 아니라 그의 아들 알렉산드로스에 의해서 이루어졌지만 말이다. 필리포스 왕은 과연 자신의 아들이 이 원대한 목표를 달성할 것이라고 상상이나 했을까?

필리포스 왕이 군대를 개혁하다

필리포스 왕은 마케도니아의 군사력을 강화하는 데 크게 이바지했다. 본토 그리스인이 일찍이 사용해온 전통적인 전투대형은 팔랑크스(Phalanx)였다. 이 대형에서 병사들은 머리에 투구를 쓰고 흉갑과 정강이 받침을 착용한 채, 한 손에는 큰 방패를 들고, 다른 손에는 길이 2미터 정도의 창인 '도리'를 들었다.

이때 방패를 비롯한 각종 보호 장구 무게만 해도 약 20~30킬로그램이나 나갈 정도였다. 이렇게 무거운 장구를 갖춘 병사들은 빽빽하게 간격을 좁혀 사각형의 진을 형성한 채 적진을 향해 진격했다. 막상 접전이 벌어지면 병사들은 오른손에 든 창을 앞으로 내질렀다. 적군이 창을 던지거나 화살을 쏘면 병사들은 왼손에 든 방패를 사용하여 자신의 왼쪽에 있는 동료를 적의 공격으로부터 막았다. 그리스의 폴리스들은 이 막강한 팔랑크스 진형을 사용하여 전투를 치렀다.

필리포스 2세는 왕이 된 후 마케도니아 보병들을 훈련시켜 팔랑크스 전법을 구사하도록 명령했다. 하지만 기존의 팔랑크스를 그대로 모방하는 데 그치지 않았다. 그리스 세계에서 오랜 기간 활용해온 팔랑크스 전법을 그대로 쓴다면, 그리스를 격파할 수 없는 노릇이었다. 그래서 새로운 아이디어를 떠올려 독창적인 마케도니아식 팔랑크스 전투대형을 만들었다. 이 전투대형의 특징은 전통적인 팔랑크스 전투대형에서 사용하던 창보다 약 두세 배나 긴 창을 드는 것이었다. 4~6미터에 달하는 이 창은 길고 무거웠기 때문에 병사들이 두 손으로 들어야 했다. 그 때문에 병사들은 방패를 들 손이 없어서 왼쪽 팔뚝에 가죽끈으로 방패를 묶었다고 한다. 이와 같이 긴 창을 가지고 전투에 임하는 마케도니아군은 전통적인 팔랑크스 진형으로 싸우는 그리스군을 쉽게 이길 수 있었다.

필리포스 2세는 이 보병 위주의 팔랑크스 전투대형에 만족하지 않고 기병(騎兵)을 집중적으로 육성했다. 그 결과, 마케도니아식 팔랑크스가 적의 본진과 싸우는 동안 기병대가 적진을 돌파하여 적의 장수를 공격하는 독특한 전술이 완성되었다. 이른바 '망치와 모루' 전술이라고 불리는 이 전술은 필리포스뿐 아니라 알렉산드로스에게 수많은 승리를 안겨주었다. 이 전술에 대해서는 제2장에서 상세히 설명하고자 한다.

아울러 필리포스 2세는 병사들의 충성도를 더 높이고자 파격적인 조치를 취했다. 바로 병사들에게 급료를 나눠주는 것이었다. 본토 그리스인은 평소에 농사를 짓다가 전쟁이 나면 싸우러 나가는 전통이 있었기 때문에, 이러한 조치는 혁신적인 것이었다. 필리포스는 군사력을 강화하기 위해서 더 과격한 개혁에 착수했다. 그가 보기에는 병사들 각자가 하인이나 노예를 데리고 다니는 것이 문제였다. 이들은 병사들의 보급과 위락, 잡일을 담당하기 위한 일종의 보조 인력이었다. 필리포스는 이러한 관행을 대대적으로 고쳤다. 병사들에게 웬만한 보급품은 스스로 지고 다니도록 지시했다.

이러한 조치로 마케도니아의 군대는 불필요한 보조 인원을 크게 줄일 수 있었다. 그 결과, 마케도니아군은 당대의 어느 군대보다도 빠른 속도로 행군할 수 있었다. 이와 같이 기동력이 증진되자 마케도니아군의 군사력도 크게 증진되었다.

한편, 이 무렵 그리스 세력의 군사력은 약화되어가고 있었다. 그리스의 폴리스들은 펠로폰네소스 전쟁 이후 크게 분열되었을 뿐 아니라, 식민시 건설이 차츰 줄어들면서 서서히 경제적 활력을 잃어갔다. 게다가 그리스의 주력부대인 중장 보병(팔랑크스)으로 참전할 수 있는 자유농민의 수마저 줄어들었다. 그 결과 그리스 폴리스들은 전투 때마다 임금을 주고 용병을 투입할 수밖에 없었다. 하지만 용병은 충성심이 약했기 때문에 그리스의 폴리스 군대는 더 이상 마케도니아 군대의 상대가 되지 못했다.

이러한 상황을 잘 알고 있었던 필리포스는 기원전 357년 일리리아를 무력으로 정복했다. 그리고 외교 수완을 활용하여 아테네와 협정을 맺었다. 필리포스가 암피폴리스를 점령하면, 예전에 아테네로부터 빼앗은 핀드나를 아테네에 되돌려주겠다는 것이다. 그러나 암피폴리스를 점령한 이후 필리포스는 마음이 바뀌었다. 그는 협정을 깨고 두 도시를 모두 지배했다. 이에 분개한 아테네인은 마케도니아에 전쟁을 선포했다.

필리포스의 영토 확장은 계속되었다. 이듬해 그는 금광이 있는 크레니데스를 점령했다. 그리고 도시의 이름을 자신의 이름을 따 필리피(『신약성경』에 나오는 빌립보)로 바꾸었다. 그 후 이 금광을 지키기 위해 강력한 요새를 지었다. 이 금광에서 나오는 금으로 막대한 군자금을 확보할 수 있었기 때문이다.

필리포스는 헌신적이면서도 희생할 줄 아는 왕이었다. 그는 크고 작은 전투마다 직접 현장에서 지휘를 했다. 기원전 354년 그는 아테네에 속한 도시인 메톤을 공격하다가 한쪽 눈을 잃기까지 하면서 결국 메톤을 함락시켰다. 병사들은 한쪽 눈을 잃을 정도로 맹렬하게 전투에 참여하는 왕의 명령을 더욱 충성스럽게

따를 수밖에 없었을 것이다.

한쪽 눈을 잃는 부상을 당했음에도 필리포스의 공격은 계속되었다. 필리포스는 기원전 353년 테살리아를 정복했고, 테살리아 동맹의 맹주(헤게몬)로 군림했다. 아테네는 필리포스의 세력 확장에 위협을 느끼고 테르모필라이에 배수의 진을 쳤다. 이로 인해 필리포스는 당분간 남쪽으로 더 이상 진격할 수 없었다. 그는 수년 동안 발칸반도와 마케도니아 북쪽과 서쪽 변방을 강화하는 데 집중했다.

충분한 준비 끝에 필리포스는 기원전 348년, 올린토스를 점령하고 칼키디키를 합병하며 계속 남쪽으로 진격했다. 이때 아테네에서는 유명한 웅변가 데모스테네스가 마케도니아의 위협을 경고하는 연설을 했다. 그는 아테네와 테베가 연합하여 마케도니아의 침입을 막아야 한다고 아테네 시민을 선동하기도 했다. 하지만 이러한 우려에도 불구하고, 기원전 346년 아테네인은 테살리아에서 마케도니아와 평화협정을 맺었다. 이로써 스파르타를 제외한 모든 주요 그리스 폴리스들은 마케도니아의 통치에 굴복하게 되었다.

강인한 의지를 가진 필리포스는 여기에 만족하지 않았다. 그는 다시 본국으로 돌아온 다음 북쪽으로 눈을 돌려 트라키아와 스키타이를 공격했다. 그런데 이 와중에 페린투스와 비잔티온, 두 폴리스가 등을 돌렸다. 마케도니아 군대는 자신을 배신했던 페린투스와 비잔티온에 대해 공성전을 시작했다. 하지만 이 성들은 견고하여 쉽사리 정복할 수 없었다.

그런데 마침 기원전 340년, 아테네가 평화협정을 깨고 마케도니아에 선전포고를 하는 상황이 발생했다. 그래서 필리포스는 두 도시의 포위를 풀고 남쪽으로 향할 수밖에 없었다. 이러한 상황 속에서 필리포스는 테베의 도움을 받기를 원했지만, 테베는 이미 아테네와 손잡은 상태였다. 아테네와 테베가 연대했다는 암울한 소식을 접하자 필리포스에게는 더 이상 희망이 없는 듯했다.

만약 이 두 도시가 힘을 합쳐 마케도니아에 대항하여 싸운다면, 필리포스가 세운 원대한 계획은 물거품이 되고 만다. 이렇게 되면 마케도니아는 다시 예전처럼 변방의 소국으로 돌아가는 것이다. 하지만 운명의 여신은 다시 한 번 필리포스에게 힘을 실어줬다. 기원전 338년 카이로네이아 전투에서 마케도니아 군대가 승리함으로써 필리포스가 테베와 아테네에 대한 지배권을 다시 확립할 수 있었다.

필리포스에게 결정적인 승리를 안겨준 카이로네이아 전투

카이로네이아 전투는 기원전 338년에 마케도니아 왕국의 필리포스 2세가 아테네와 테베의 연합군을 상대로 싸운 전투로 마케도니아군의 압승으로 끝이 났다. 보이오티아의 카이로네이아 근교에서 벌어졌기 때문에 카이로네이아 전투라고 부른다. 이 전투에서 필리포스는 자신의 외교 수완을 마음껏 뽐낸다.

전투에 앞서 필리포스는 이미 여러 폴리스에 사신을 보냈다. 그 결과 마케도니아는 테살리아·에페이로스·아이톨리아·북부 포키스·에피네미디아 로크리스 등과 동맹을 맺었다. 이들의 도움에 힘입어 마케도니아군은 아테네와 테베의 연합군을 물리칠 수 있었다.

막강한 군사력을 보유한 필리포스 2세의 시선은 이제 그리스로 향하기 시작했다. 그는 우선 그리스 북부 일대를 장악함으로써 아테네를 비롯한 본토의 도시국가들과 본격적으로 대립했다. 이후 일리아 지역을 평정하는 한편, 스키타이족을 공격하여 배후를 안정시켰다. 이러한 조치는 그리스 본토를 침공하기 위한 튼튼한 초석이었다.

이윽고 기원전 338년이 되자 카이로네이아에서 격전이 벌어졌다. 마케도니아군은 아테네군과 테베군을 주축으로 하는 그리스 본토 연합군을 상대로 이곳에서 자웅을 겨루었다. 이 전투에서 마케도니아군은 '망치와 모루' 작전으로 큰 승리를 거두었다.

알렉산드로스는 적진으로 돌진하여 테베군의 전열을 붕괴시켰다. 이 모습을 보고 사기가 진작된 휘하의 병사들이 그 뒤를 따라 들어갔다. 이를 지켜보고 있던 필리포스 2세는 총공격을 펼칠 것을 명령했다. 마케도니아의 숙련된 군사들은 아테네 군인들을 압도했다. 아테네인이 패주하자 전쟁터에 홀로 남게 된 테베의 병사들은 마케도니아군에 의해 포위를 당했다.

이 전투를 치르는 동안 그 유명한 테베의 신성대(Sacred Band of Thebes)가 궤멸되었다. 이들은 300명으로 이루어진 결사 항전의 용맹한 부대였다. 하지만 역사가 플루타르코스는 이 치열한 전투에서 300명이 모두 전사했다고 전하고 있다. 또 다른 역사가 디오도루스는 이 전투의 피해 규모를 기록해두었다. 그가 남긴 사료에 따르면 무려 1,000명이 넘는 아테네인이 전쟁터에서 사망했고, 적어도 2,000명 정도의 사람이 마케도니아군에 포로로 잡혔는데, 테베인도 비슷한 규모의 피해를 입었다고 한다.

카이로네이아 전투에서 끔찍한 패배를 당한 이후로 테베는 결정적으로 약화되고 말았다. 하지만 필리포스 2세는 테베의 신성대가 전투에서 보여준 용맹함을 간과하지 않았다. 그는 적국의 병사들이 보여준 희생정신을 기념하기 위해 큰 사자 상을 세워 주었다. 이 사자 상은 땅속에 묻혀서 한때 사람들의 기억에서 잊혀졌다. 그러나 19세기에 다시 발견된 이후로 지금도 카이로네이아에서 신성대의 용맹을 기리고 있다.

이 전투의 결과 그리스의 여러 폴리스들은 필리포스 2세에게 복종할 수밖에 없었다. 이제 마케도니아는 그리스 문명권에서 주도권을 확고하게 다질 수 있었다. 이와 같은 위기 속에도 그리스 본토의 폴리스들은 하나로 단결하지 못한 채 서로 반목하고 있었다. 이러한 세태를 참담하게 여겨 울분을 토로했던 아테네의 웅변가가 있었다. 바로 이소크라테스(기원전 436~기원전 338)라는 인물이다. 그는 아테네 출신의 소피스트 프로타고라스와 시칠리아 출신의 변론가 고르기아스로부터 가르침을 받았을 정도로 탁월한 인물이었다. 기원전 390년경부터 이소크라테스는 아테네에서 변론술 학교를 개설하며 후학을 양성하는 데 힘썼다.

이소크라테스는 그리스 세계의 통일을 평생의 염원으로 삼았다. 그는 평소 강력한 군주가 등장해야 그리스인을 하나로 모을 수 있다고 주장했다. 이소크라테스는 신생국 마케도니아의 왕인 필리포스가 자신의 꿈을 이뤄주리라 믿고 그를 지지했다. 하지만 필리포스 왕은 카이로네이아 전투를 통해서 이소크라테스의 조국으로부터 자유와 독립을 빼앗았다. 이소크라테스는 자신이 기대했던 것과는 전혀 다른 군주가 조국을 점령했다는 것을 깨달은 채 98세로 일생을 마쳤다. 고대 사회에서는 보기 드문 장수를 누린 셈이다. 노년의 이소크라테스는 자신이 평생 역설했던 그리스 세계의 통일이 변방의 소국 마케도니아에 의해 이뤄질 것이라고 상상이나 했을까?

그리스 세계를 평정한 필리포스 2세

마케도니아의 공격으로 그리스 세계는 더 취약해졌다. 이제 남아 있는 병사로 마케도니아군과 전투를 벌여 그리스의 중부 지역을 방어하는 것은 거의 불가능한 상황이었다. 필리포스는 자신에게 저항했던 그리스의 폴리스들과 평화협상을 시도했다. 단, 그들이 마케도니아에 충성을 맹세하고, 페르시아 원정 때 필요한 병사와 물자를 지원하는 조건을 내걸었다. 필리포스 2세는 열여덟 살 된 아들 알렉산드로스를 아테네로 보내 이 협상을 시도했다. 필리포스의 제안이 대단히 관대하다고 판단한 아테네인은 재빨리 이 조건을 받아들였다. 물론 나머지 그리스의 폴리스들도 아테네의 뒤를 따라 마케도니아에 충성을 맹세했다.

이 협상 과정에서 아테네를 처음이자 마지막으로 방문했던 알렉산드로스는 화려한 그리스 건축과 예술 작품을 접했다. 훗날 이 문화를 오리엔트 지방 곳곳에 전파하리라고 스스로 다짐했을지도 모른다. 흔히 '동방' 또는 '근동(近東)'으로 번역되는 '오리엔트(Orient)'는 라틴어 오리엔스(Oriens)에서 유래됐다. 오리엔스는 '해가 뜨는 곳'이라는 뜻인데, 유럽의 동방에 위치한 이집트·소아시아·메소포타미아 일대를 가리킨다. 반면 유럽인은 유럽을 '해가 지는 곳'이라는 의미로 '옥시덴트(Oxident)'라 불렀다.

기원전 338년에 그리스 세계를 평정한 필리포스 2세는 이 평화를 더욱 공고하게 만들기 위한 수단을 마련했다. 외교의 중요성을 익히 알고 있었던 필리포스는 이듬해인 기원전 337년 코린토스 동맹을 창설했다. 그리고 스스로 동맹의 맹주(헤게몬)가 되었다. 이 동맹은 아테네가 창시한 델로스 동맹이나 스파르타가 창시한 펠로폰네소스 동맹과 유사한 것이었다. 그러나 코린토스 동맹은 이전까지 그리스 폴리스들이 구성했던 그 어떤 동맹보다도 성공적이고 오래 지속되었다. 코린토스 동맹은 여러 폴리스의 대표들이 구성하는 의회에 의해서 안정적으로 유지되었다.

하지만 필리포스는 이 동맹이 깨지지 않을까 늘 노심초사했다. 실제로 과거에 델로스 동맹이나 펠로폰네소스 동맹에 소속된 그리스 폴리스들도 서로 경쟁을 하다가 결국 전쟁을 일으켰

트라키아
(마케도니아의 속주)

흑 해

비잔티온

프로폰티스
(오늘날의 마르마라 해)

아브데라

펠라

사모트라케

마케도니아
왕국

올린토스

헬레스폰토스 해협

트로이

페르시아 제국

도도나

라리사

코르푸

테살리아

레스보스

페르가몬

몰로소스
왕국

악티움

테르모필라에

'왕의 길'
(페르시아 왕도)

델포이

칼키스

사르데스

카이로네이아전투(BCE 338년) ✕ 테베

에 게 해

사모스

에페소스

코린토스

아테네

밀레토스

올림피아

살라미스

코린토스 동맹국

델로스

스파르타

코스

멜로스

중립국

로도스

지 중 해

크레타

	마케도니아 왕국		코린토스 동맹국		몰로소스 왕국
	트라키아(마케도니아 속주)		페르시아 제국	✕	격전지역
	테살리아		중립국		

- **기원전 4세기 말 그리스 세계의 형세**

  필리포스 2세의 치세 중 마케도니아 왕국은 테베와 그리스 연합군의 세력을 꺾고 코린토스 동맹을 조직하여 그리스 세계를 통일했다.

기 때문이다.

필리포스는 어렵사리 만든 이 코린토스 동맹이 평화 속에 오래 유지되기를 간절히 기대했다. 그리하여 마케도니아 본국으로부터 대표를 파견해 각 그리스 폴리스 사이에 발생하는 분쟁을 조정하는 역할을 맡겼다. 그뿐 아니라 이 동맹에 속한 폴리스들은 반란의 진압을 제외하고는 서로에 대해 전쟁을 벌일 수 없도록 강제했다.

필리포스 2세는 독선적 기질을 가지고 있었고, 강력한 리더십을 발휘하고자 했기 때문에 간혹 폭군이라는 평을 받기도 한다. 하지만 그의 통치 방식은 합리적이고 현실적이었다. 그리스 문화를 적극적으로 수용하여 그리스 지역을 마케도니아에 효율적으로 흡수했고, 마케도니아와 폴리스의 씨족 기반을 각각 인정함으로써 균형 잡힌 통일 제국을 만들려고 노력했다. 필리포스 2세는 외교의 달인이기도 했다. 때로는 회유정책으로, 때로는 강압적 진압으로 여러 폴리스 세력을 규합했다.

필리포스 왕의 갑작스러운 죽음

필리포스 2세는 코린토스 동맹을 바탕으로 본인의 숙원이었던 페르시아에 대한 원정을 선포하고, 마케도니아군으로 이뤄진 원정대를 꾸렸다. 하지만 필리포스 왕은 이 원대한 계획을 시작하기도 전에 갑자기 죽고 말았다. 빛나는 군사적 성공에 뒤이은 갑작스러운 죽음이었다.

기원전 336년 여름 필리포스는 페르시아 원정 준비로 한창 바빴다. 이 무렵 필리포스의 딸 클레오파트라와 그의 네 번째 부인 올림피아스의 동생(에페이로스 출신의 알렉산드로스)이 결혼을 했다. 필리포스는 바쁜 와중에도 딸의 혼인 잔치 자리에 참석했다. 그런데 그 자리에서 갑자기 경호대의 대장 파우사니아스가 칼로 필리포스의 배를 찔러 죽였다. 파우사니아스는 마케도니아의 젊은 귀족 청년이었는데, 필리포스가 자신의 진가를 인정해주지 않아 원한을 품고 있었다. 마케도니아를 크게 일으켰던 통치자가 맞이하기엔 너무나 사사롭고도 애석한 죽음이었다. 이때 필리포스의 나이는 마흔일곱 살이었다.

당시의 외교 상황을 고려하면, 암살의 배후에 페르시아가 있었다는 의심이 들 만하다. 하지만 그 배후는 확실히 알 수 없다. 파우사니아스가 필리포스를 죽이고 도망가던 중 그를 추격해온 필리포스의 경호대에게 죽임을 당했기 때문이다. 이때 불과 스무 살에 불과한 알렉산드로스는 어떠한 심정이었을까?

알렉산드로스는 생전에 왕위 계승 문제로 아버지와 마찰이 있었던 것으로 알려져 있다. 필리포스는 여러 명의 아내 사이에서 아들을 여럿 두었기 때문에 알렉산드로스는 후계자의 위치에 대해 불안감을 느꼈다. 이 암살 사건이 일어날 무렵 필리포스는 알렉산드로스의 어머니 올림피아스와도 사이가 틀어져 있었다. 하지만 아무리 그렇다 해도 아버지의 갑작스러운 죽음을 접한 알렉산드로스는 충격에 휩싸였을 것이다.

때마침 알렉산드로스를 지지해준 인물이 바로 파르메니온이었다. 그는 군사 경험이 풍부할 뿐 아니라 병사들의 존경을 받았던 충성스럽고 진중한 성품을 갖춘 장군이었다. 게다가 군사적인 능력도 매우 탁월했다. 기원전 356년에 필리포스의 명을 받아 소아시아에서 일리리아인을 격파하기도 했고, 기원전 346년에는 남부 테살리아의 요충지 할로스를 성공적으로 파괴하기도 했다.

군인으로서 그의 충성심은 필리포스 2세가 암살당했을 때 더욱 빛났다. 이 위기의 순간에 파르메니온은 알렉산드로스를 옹호했고, 왕권을 노리던 귀족 아탈로스를 제거했다. 파르메니온은 평생 알렉산드로스를 따라 전쟁터를 누볐다. 훗날 오리엔트 원정을 떠날 때 부사령관으로 종군한 파르메니온은 군대의 왼쪽 날개를 충실히 담당하면서 알렉산드로스에게 숱한 승리를 안겨 주었다.

03

알렉산드로스, 마케도니아의 왕이 되다

알렉산드로스 3세(재위: 기원전 336~기원전 323)는 이제 고대 그리스 북부의 왕국인 마케도니아의 군주가 되었다. 불과 스무 살의 나이로 아버지 필리포스 2세를 계승함으로써 바실레우스(그리스어로 '왕')가 된 것이다. 알렉산드로스는 치세 기간 대부분을 서남아시아와 북아프리카 지역에 대한 유례없는 군사 정복 활동으로 보냈다. 서른 살이 됐을 때 그의 영토는 그리스를 시작으로 남쪽으로는 이집트, 동쪽으로는 인도 북서부까지 확장됐다. 그는 고대 세계에서 전례가 없던 대제국을 건설했으며, 스무 차례의 크고 작은 전투에서 단 한 번도 패배한 적이 없었다. 알렉산드로스는

- **알렉산드로스 대왕의 두상**(왼쪽)

  기원전 2세기부터 기원전 1세기 사이에 이집트의 알렉산드리아에서 만들어진 것으로 알려진 청년 알렉산드로스의 흉상이다. 미지의 세계에 대한 모험심과 영웅으로 역사에 남고 싶은 야망이 느껴진다. 런던, 영국박물관 소장.

- **리시포스가 제작한 알렉산드로스 주상(柱像)의 복제품**(오른쪽)

  기원전 4세기경 활동했던 그리스 조각가 리시포스는 알렉산드로스의 모습을 정확하게 표현한 것으로 유명하다. 그가 남긴 작품이 로마 시대에 복제되어 지금까지 전하고 있다. 사자 갈기 같은 머리 스타일이 특징이다. 파리, 루브르 박물관 소장.

오늘날까지도 역사상 가장 성공적인 군사 지도자 중 한 명으로 평가되고 있다. 하지만 알렉산드로스가 본인의 힘만으로 그 자리까지 오른 것은 아니다. 알렉산드로스의 성공 뒤에는 필리포스라는 걸출한 왕이 있었다. 알렉산드로스는 아버지 필리포스가 넘겨준 풍부한 유산 위에서 본인의 꿈을 이루기 시작했다.

우선 필리포스는 알렉산드로스에게 막강한 군대를 남겨주었다. 마케도니아군은 시민군이 아니라 왕에게 귀속되어 왕이 지급하는 급료를 정기적으로 받는 상비군이었다. 주로 소농 출신인 그들은 필리포스 왕과 전쟁터에서 목숨을 걸고 싸운 경험이 있는 충성심 강한 군대였다. 뿐만 아니라 대귀족 지주와 왕의 전우들로 구성된 막강한 근위 기병대도 있었다. 이러한 군사적 기반을 십분 활용하여 알렉산드로스는 반기를 드는 반(反)마케도니아 세력을 완전히 분쇄할 수 있었다. 알렉산드로스는 훗날 이 상비군을 이끌고 오리엔트 지역에서 연전연승했다. 필리포스 2세 때부터 전우애로 다져진 숙련된 군대가 없었다면, 알렉산드로스는 과연 오리엔트 원정이라는 거대한 꿈을 꿀 수 있었을까?

알렉산드로스가 세상의 빛을 보다

한참 거슬러 올라가서 알렉산드로스가 태어날 무렵으로 돌아가보자. 기원전 356년, 마케도니아의 왕 필리포스 2세의 네 번째 부인이며, 에피로스의 왕 네오프톨레모스 1세의 딸인 올림피아스가 아들을 낳았다. 알렉산드로스라는 이 아기는 무럭무럭 자라났다. 알렉산드로스의 어머니, 올림피아스는 범상치 않은 인물이었다. 큰 뱀을 아주 좋아해서 늘 가까이 두고 지냈다고 하고,

신비한 종교에 심취하기도 했던 모양이다. 필리포스 2세는 일고 여덟 명의 아내를 두었다고 전한다. 그런데 그중에서도 알렉산드로스를 낳은 올림피아스의 영향력이 제일 강했다.

알렉산드로스의 탄생과 어린 시절을 둘러싼 몇 가지 신화가 전해지고 있다. 고대 그리스 출신의 역사가 플루타르코스에 따르면, 올림피아스는 필리포스 2세와 결혼하기 전날 밤 꿈을 꾸었다. 천둥이 그녀의 배 위로 떨어져서 큰불이 사방에 일어났다가 꺼졌다. 얼마 뒤 필리포스 2세도 꿈을 꾸었다. 자신이 아내의 배 위에 도장을 찍었는데, 그 도장이 사자의 모양을 하고 있었다. 플루타르코스는 이 두 개의 꿈을 가지고 여러 해석을 제시했다. 예컨대 올림피아스가 결혼식 전에 임신을 했다거나 알렉산드로스의 부친이 제우스의 후손이라는 식으로 말이다.

흥미롭게도, 알렉산드로스가 태어나던 날에 예전에 없던 신기한 사건이 발생했다. 에페소스에 있는 아르테미스 신전이 불에 타 소실되었던 것이다. 이 사건을 두고, 알렉산드로스가 출생하는 것을 보려고 아르테미스 신이 자리를 비웠기 때문에 벌어진 일이라는 소문이 돌았다고 한다. 그러나 이러한 과장된 전설은 알렉산드로스가 왕이 된 후에 만들어진 것으로 보인다.

알렉산드로스는 어린 시절 클레이토스의 누나인 라니케에 의해서 양육됐고, 시간이 지나 어머니 올림피아스의 친척인 에피로스의 레오니다스와 아카르나니아의 리시마코스에게 교육받았다. 그는 마케도니아에서 귀족을 양육하는 방식을 따라 읽기·음악·말타기·사냥·싸움 등 여러 분야에서 훌륭한 교육을 받았다.

알렉산드로스는 어릴 때부터 기지가 출중했다. 알렉산드로스가 열 살이 되던 해 이런 일이 있었다. 테살리아 출신의 한 상인이 왕에게 13달란트의 가치를 갖는 몸집이 큰 말 한 마리를 가져왔다. 온몸이 검은 털로 덮여 있고 이마에 흰 별 모양이 있는 준수한 말이었지만, 사납기가 그지없었다. 하지만 말이 왕을 태우지 않으려 하자 왕은 말을 치워버리라고 명했다. 그러나 바로 그때 알렉산드로스는 이 말이 자기 자신의 그림자를 무서워하는 것을 발견했다. 마침내 그는 이 거친 말이 그림자를 보지 못하게 고개를 돌려 말을 순하게 길들이는 데 성공했다.

역사가 플루타르코스에 따르면, 이때 필리포스 왕이 아들의 용기 있는 행동을 보고 기쁘게 껴안으며 이렇게 말했다고 한다.

"아들아! 너의 야망에 걸맞은 왕국을 찾아 나서라. 마케도니아는 너를 감당하기에는 너무 작구나!"

그러고는 그 말을 알렉산드로스에게 주었다. 알렉산드로스는 그 말을 '황소머리'라는 뜻의 부케팔로스(또는 부케팔라스)라고 불렀다. 부케팔로스는 이후 알렉산드로스와 인도까지 누비며, 알렉산드로스에게 숱한 승리를 안겨준 명마 중의 명마였다.

알렉산드로스의 스승, 아리스토텔레스

역사가들이 남긴 기록에 따르면, 알렉산드로스는 고집이 세고 아버지의 명령을 잘 듣지 않았다고 한다. 그리고 음주에 대해서는 지나치게 관대하여 무절제하기도 했다고 전한다. 하지만 그는 지식을 추구하고자 하는 열망이 컸고, 철학을 좋아하고, 책 읽기를 무척 즐겼다고 한다. 특히 토론에 임할 때 알렉산드로스는 날카로운 지성을 유감없이 발휘했다. 이것은 분명히 유년 시절에 받은 교육의 영향일 것이다.

필리포스 2세는 10대가 된 알렉산드로스에게 최고의 교육을 제공했다. 그의 스승은 소크라테스와 플라톤의 학맥을 계승한 당대 최고의 철학자이자 과학자요 사상가 아리스토텔레스(기원전 384~기원전 322)였다. 알렉산드로스는 열세 살부터 열여섯 살이 될 때까지 아리스토텔레스로부터 호메로스의 『일리아스』와 『오디세이아』를 배우는 등 집중적인 가르침을 받았다. 뛰어난 교사로부터 깊이 있는 질문을 주고받으며 지성을 연마할 수 있었던 알렉산드로스는 정말 운이 좋았다.

• 아리스토텔레스로부터 교육을 받는 알렉산드로스

그리스의 철학자 아리스토텔레스로는 열세 살부터 열여섯 살 때까지 약 3년간 알렉산드로스를 개인 교습의 형태로 가르쳤다. 아리스토텔레스가 던진 질문에 알렉산드로스가 깊은 생각에 잠겨 있다. 장 레옹 제롬의 1895년 작.

아리스토텔레스의 나이는 알렉산드로스에게 아버지뻘이었다. 둘의 나이 차이는 무려 스물여덟 살이나 되었다. 실제로 아리스토텔레스는 필리포스 2세와 어린 시절부터 서로 잘 알고 지냈다. 그것은 아리스토텔레스가 마케도니아의 수도 펠라에서 조금 떨어진 곳에서 태어난데다가, 필리포스 2세보다 두 살 어린 비슷한 연배였기 때문이다.

하지만 아리스토텔레스와 알렉산드로스, 이 걸출한 두 인물

사이에는 연령을 초월하는 원숙한 우정이 있었다. 오리엔트 원정 중에도 알렉산드로스는 스승으로부터 물려받은 지적 호기심과 관찰력을 유감없이 발휘했다. 그는 오리엔트 지역에서 새로운 식물과 동물을 발견하면 표본을 채취하여 아리스토텔레스에게 보내는 세심함을 보였다. 아리스토텔레스는 알렉산드로스가 보내준 자료를 바탕으로 500종 이상의 동물을 관찰·분류하여 『동물사(*History of Animals*)』라는 대작을 완성할 수 있었다. 유년기의 알렉산드로스는 스승으로부터 많은 것을 배웠지만, 장성한 알렉산드로스는 이제 스승에게 새로운 세계를 보여주고 생각의 지평을 넓혀주는 동반자로 성장했던 것이다.

비범한 성품의 소유자

알렉산드로스는 다부지고 튼튼한 체격의 소유자였다. 하지만 그는 키가 그다지 큰 편은 아니었다고 전해진다. 그는 턱수염이 드문드문 나 있는 편이어서 면도를 자주 했다고 한다. 그러나 알렉산드로스의 위대한 면모는 외면에 있는 것이 아니라 내면에 있었다. 알렉산드로스는 어머니 올림피아스로부터 정신적 영향을 많이 받았다. 올림피아스는 아들에게 페르시아 제국을 정복하는 것이 그의 운명이라고 자주 언급했다. 역사가 플루타르코스는 어머니가 불어넣어준 그의 야망 덕분에 알렉산드로스가 일찍부터 숭고한 정신을 추구했을 것이라고 기록했다.

그러나 그의 성품에 가장 직접적인 영향을 준 사람은 아버지 필리포스 2세였다. 전쟁터에서는 심각한 부상을 입어도 개의치 않았고, 계속 싸워 승리해야 한다는 것을 어린 알렉산드로스에게 가르쳐주었다. 한쪽 눈에 부상을 입고도 전투에서 승리한 필리포스 2세는 이 가르침에 대한 생생한 본보기가 되었을 것이다.

하지만 알렉산드로스와 필리포스 2세의 관계는 부자간의 애정이 넘치는 이상적인 관계는 결코 아니었다. 오히려 둘은 경쟁 관계에 가까웠다. 알렉산드로스는 아버지보다 더 큰일을 성취하고 싶어했다. 전쟁 중에 간혹 알렉산드로스가 보여주는 무모한 행동에서 그런 성향이 잘 나타난다.

알렉산드로스는 부친이 전투에서 승리할 때에도 그다지 기뻐하지 않았다고 한다. 오히려 자신이 세상에 보여줄 성과가 없어질까봐 늘 노심초사했다. 그 때문에 부친의 업적을 과소평가하거나 부친의 실수를 조롱하는 비상식적인 모습도 보였다.

알렉산드로스는 예술과 과학 모두에 학식이 깊었고 열정적이었다. 그러나 그는 아버지 필리포스 2세와 달리 운동경기나 올림픽에 대해서는 큰 관심을 보이지 않았다. 다만, 오리엔트 원정이라는 원대한 이상과 전쟁터에서 명예를 추구할 따름이었다. 그가 보여준 놀라운 카리스마와 추진력은 일평생 그를 사로잡은 열망에서부터 흘러나왔다.

04

원정 떠나기 전
그리스 세계를 통일한 알렉산드로스

알렉산드로스는 아버지 필리포스 왕으로부터 정치적·군사적·학문적 훈련을 잘 받아왔기 때문에 비록 아버지의 죽음이 갑작스러웠지만, 이를 의연하게 받아들였던 것으로 보인다. 알렉산드로스가 집권하게 될 무렵 그는 산적한 과제에 직면했다. 그러나 문제에 압도되지 않고 냉철한 이성과 강인한 의지로 당면한 과제를 극복해갔다.

그는 왕이 되자마자 제일 먼저 잠재적인 경쟁자들을 제거했다. 왕위 계승의 자격이 있는 두 명의 왕자를 죽인 것이다. 그의 어머니 올림피아스는 한술 더 떠서 필리포스의 다른 부인과 그

딸마저 화형시켰다. 알렉산드로스는 군부 내의 실력자인 아탈로스와 그의 가족들도 몰살시켜버렸다. 알렉산드로스의 왕위는 친족이 흘린 피 위에서 군건해진 셈이다. 하지만 아직 왕권을 안정시키기에는 역부족이었다.

필리포스 왕이 갑자기 죽고 알렉산드로스가 젊은 나이에 왕이 되자 테살리아를 비롯한 여러 폴리스에서 반란이 일어났다. 반란 소식을 들은 알렉산드로스는 발빠르게 대응했다. 알렉산드로스의 주변 신하들은 이 문제를 외교적으로 풀어가라고 조언했다. 하지만 그는 이 문제를 군사적으로 해결했다. 우선 알렉산드로스는 3,000명의 기병을 모아 테살리아로 향했다. 그는 올림포스산과 오사산 사이 길목에 위치한 반란군을 포위 공격하여 섬멸했다.

알렉산드로스는 오리엔트 원정을 떠나기 전에 북쪽 지역을 안전하게 만들어야 했다. 그래서 기원전 335년에 알렉산드로스가 군대를 이끌고 북쪽의 트라키아와 서쪽의 일리리아에 대한 지배권을 확립했다. 알렉산드로스가 이 지역에서 한창 전쟁 중일 때 테베와 아테네가 알렉산드로스에게 반기를 들었다. 알렉산드로스는 즉시 남쪽으로 말머리를 돌려 테베를 응징했다. 분개한 알렉산드로스는 테베를 철저히 파괴했고 시민들을 노예로 팔아버렸다. 알렉산드로스가 이처럼 강경책을 펴자 아테네인은 두려움에 떨 수밖에 없었다.

그러나 뜻밖에도 알렉산드로스는 아테네에 대해서는 강경하게 대응하지 않았다. 장차 있을 원정 중에 아테네의 함대가 절대적으로 필요했기 때문이다. 알렉산드로스는 아테네인에게 응징하지 않는 대신 적극적으로 협력하도록 유도했다.

알렉산드로스는 젊지만 막강함 힘을 누렸다. 그는 자신에게 맞서는 것은 무엇이든 파괴해버릴 수도 있었다. 하지만 그는 그 힘을 남용하지 않고 절제할 줄도 알았다. 아직 20대 초반에 불과한 이 젊은 왕에게 그리스는 작은 세계였다. 그에게는 더 큰 목표가 있었다. 그리고 그 목표를 위해 자신의 힘을 아낄 줄 알았다.

괴짜 철학자 디오게네스를 만나다

시노페의 디오게네스(기원전 412년경~기원전 323년경)와 알렉산드로스가 만난 유명한 일화가 전해진다. 디오게네스는 기행을 일삼던 괴짜 철학자였다. 그는 코린토스 거리에서 늘 하던 대로 작은 통나무 안에 들어가서 살고 있었다. 알렉산드로스가 디오게네스에게 찾아가서 이렇게 말했다고 한다.

"나는 대왕 알렉산드로스요. 그대가 바라는 것은 무엇이오?"

• 디오게네스를 만난 알렉산드로스
알렉산드로스가 괴짜 철학자 디오게네스를 만났다는 흥미로운 이야기는 수많은 화가들에 의해서 화폭에 그려졌다. 하지만 이 작품만큼 디오게네스의 퉁명스러운 태도를 잘 나타내는 그림은 드물 것이다. 프랑스 화가 몽시오가 1818년에 남긴 작품이다.

그러자 디오게네스가 귀찮다는 듯이 이렇게 답했다.

"저는 개, 디오게네스입니다. 햇살을 가리지 말고 조금만 비켜주시오."

괴짜 철학가의 황당한 답변이었다. 스스로를 개라고 소개하는 것도 우습지만, 왕의 질문에 엉뚱하게 답하는 것도 참으로 디오게네스다웠다. 그리스를 통일하고 오리엔트 정복의 야심을 키우고 있던 알렉산드로스 대왕은 이 말을 듣고 어떻게 생각했을까? 적어도 알렉산드로스는 디오게네스의 말과 행동에 기분이 상하거나 화가 나지는 않았던 모양이다. 그는 돌아가는 길에 측근에게 이렇게 말했다고 한다.

"만일 내가 알렉산드로스가 아니었다면, 디오게네스가 되었으리라!"

고수는 고수를 알아보는 법이다. 알렉산드로스는 디오게네스를 책망하지 않았다. 대신에 디오게네스의 철학적 깊이와 거칠 것 없이 자유분방한 태도에 감탄했다. 흥미롭게도 기원전 323년 두 인물은 같은 해에 사망했다. 참으로 기묘한 인연이다.

카이로네이아에 남아 있는 사자 상

카이로네이아(Chaeroneia)는 그리스 보이오티아 지방 북서쪽 끝에 있는 고대 도시이다. 아테네로부터 북서쪽으로 약 95킬로미터에 위치한다. 포키스 지방을 뚫고 흐르는 케피소스강이 보이오티아 지방에 들어와 평야를 이룬다. 카이로네이아는 입구에 해당하여 남북 교통의 요충지가 되었다. 이러한 지리 조건 때문에 고대에는 이 지역의 교외에서 중요한 전투가 벌어졌다.

이 도시는 기원전 338년에 필리포스 2세가 이끄는 마케도니아군과 그리스 연합군 사이에 벌어진 카이로네이아 전투의 무대로 잘 알려져 있다. 전투의 전적지에는 지금도 사자 상이 서 있다. 전투에서 필리포스 2세의 아들인 알렉산드로스가 처음으로 출정했고, 테베의 정예부대인 신성대가 궤멸되기도 했다. 카이로네이아 전투는 마케도니아가 카이로네이아뿐 아니라 그리스 전

• **카이로네이아에 남아 있는 사자 상**

　마케도니아의 왕 필리포스 2세가 카이로네이아에서 승리한 뒤, 끝까지 용감하게 싸우다가 전사한 테베의 신성대를 기념하기 위해 세운 사자 상이 카이로네이아에 복원되어 있다.

체의 패권을 잡는 결정적인 계기가 되었다.

　이 도시는 제정 로마 시대의 역사가인 플루타르코스의 출생지이기도 하다. 평생을 고향 땅에서 주로 보냈던 그는 그리스·로마 영웅의 이야기를 수집해『플루타르코스 영웅전』으로 묶어 후세에 남긴 것으로 유명하다. 이 저서에서 카이로네이아에 대한 이야기가 여러 차례 언급됐다.

　1818년에는 고고학적으로 대단히 흥미로운 발견이 이곳에서 이루어졌다. 바로 '카이로네이아의 사자'로 불리는 조각이 영국인 여행자 테일러(George Ledwell Taylor)에 의해 발견된 것이다. 테일러는 자신이 타던 말이 돌을 밟고 비틀거리게 된 우연한 계기로 흙 속에 묻혀 있는 거대한 사자 상을 발견했다. 그는 이 사실을 당국에 신고했으나 당시는 그리스가 오스만 튀르크 제국에 대항해 독립전쟁(1821~1832)을 전개할 무렵이었기 때문에 제대로 된 발굴이 진행되지 않았다.

19세기 말, 20세기 초가 돼서야 그리스 정부는 사자 상을 발굴하고 복원하기 시작했다. 사자 상은 무려 3.8미터 높이에 달하는 규모였고, 오늘날 3미터의 기초 위에 세워져 있어 전체 높이는 6미터가 넘는다. 사자 상 밑에서는 254구의 시체가 7열로 매장되어 있는 것이 발견됐고, 기원전 4세기 무렵에 사용되던 각종 병과 동전도 함께 묻혀 있었다. 병사들의 이름이 적혀 있는 칼이 발견되기도 했고, 약 15인치(약 38센티미터)에 달하는 창끝의 쇠가 발견되기도 했다.

이 유적지는 필리포스가 테베 신성대의 용맹을 치하하기 위해 시신을 매장한 뒤, 그 위에 큰 사자 상을 세웠다는 역사 기록을 완벽하게 입증하고 있다. 2,300년 이상의 나이를 먹은 이 사자 상 앞에 서서 그 일대를 둘러보면 열여덟 살의 알렉산드로스가 참전했던 카이로네이아 전투 현장 생생하게 느껴진다.

역사의 현장을 묵묵히 지키는 비석들

과거에 우리 땅에서 수많은 전쟁이 일어났다. 역사의 현장에 비석이나 조각상이 세워져 있는 경우도 많이 있다. 이 유물들은 우리 민족이 겪었던 승리를 기념하는 경우도 있지만, 반대로 우리가 당한 굴욕의 역사를 있는 그대로 보여주기도 한다.

전남 해남에는 충무공 이순신 장군이 거둔 승리를 기념하는 '명량대첩비'가 세워져 있다. 이 비석은 정유재란 때인 1597년, 전라남도 울돌목에서 거둔 명량대첩의 승리를 기념하는 비석이다. 한편 17세기 조선이 겪은 병자호란의 실상을 보여주는 삼전도비(三田渡碑)도 있다. 이 비석은 청나라 태종이 자신의 공덕을 알리도록 조선에 요구하여 1639년에 세워졌다. 이 밖에도 우리 역사와 관련된 비석이나 조각상이 세워져 있는 지역을 찾아서 그 지역을 우리나라 지도에 표시해보자.

　　　　　　　　　●

　알렉산드로스는 용맹한 군대를 이끌고 헬레스폰토스해협을 건너 저 멀리 오리엔트로 떠났다. 그리고 아무도 상상하지 못했던 역사가 시작됐다. 아시아 대륙에 발을 딛자 알렉산드로스의 용맹과 지혜는 더 큰 빛을 발했다. 그가 이끄는 군대는 각종 전투에서 연전연승했다. 최상의 무기였던 '망치와 모루' 전술은 그의 오른팔 역할을 했던 파르메니온 장군 덕분에 가능했다. 난공불락의 요새를 격파한 그는 어느덧 페르시아의 수도인 수사에 앉아 제국을 다스렸다. 고대 세계에서 어느 누구도 이루어내지 못한 이 놀라운 업적을 성취한 알렉산드로스는 대왕(大王)의 칭호를 받기에 전혀 부족함이 없었다. 하지만 알렉산드로스는 여기에 안주하지 않고 더 멀리 인더스강을 건널 준비를 했다. 하지만 과연 10년 이상 싸우느라 지친 병사들을 더 멀리 데리고 갈 수 있었을까?

　　　　　　　　　●

제2장

오리엔트 세계를 정복한
알렉산드로스 대왕

01

마케도니아 군대에 승리를 안겨준 전술

알렉산드로스의 오리엔트 원정은 승리의 연속이었다. 특히 이소스 전투와 가우가멜라 전투 같은 결정적 전투에서 페르시아군을 격파했다. 마침내 페르시아의 다리우스 3세는 도망 끝에 죽었고, 페르시아 제국은 곧 멸망했다. 알렉산드로스는 여기에 안주하지 않고 인더스강 유역까지 가서 코끼리 부대와 싸워 승리했다. 이로써 마케도니아의 영토는 아드리아해에서 인더스강에 이르게 되었다.

알렉산드로스가 이끄는 군대가 이렇게 막강했던 이유는 무엇일까? 그 이유를 알렉산드로스의 지휘력이나 병사들의 충성심,

그리고 투철한 군인 정신 등 여러 가지로 설명할 수 있을 것이다. 하지만 마케도니아 군대가 가지고 있는 독특한 전술 형태를 빼놓을 수 없다. 그것은 바로 밀집 장창 보병대(密集長槍步兵隊)라고도 부르는 마케도니아식 팔랑크스였다.

마케도니아식 팔랑크스 진형이 나타나기 이전에 이미 그리스 본토에서는 팔랑크스 진형을 오랫동안 활용하고 있었다. 본래 팔랑크스는 고대 그리스 시민군이 전통적으로 활용하던 전술이자 부대의 형태이다. 폴리스에서 전쟁이 일어나면, 일반적으로 최상위 계급의 시민은 전투 지휘를 담당했고, 상위 시민은 기병의 역할을 수행했다. 다수를 구성하는 자유농민은 농사일을 잠

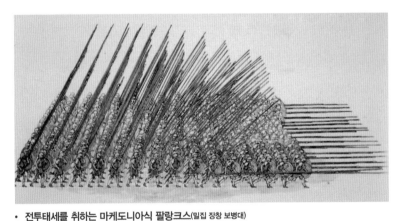

• **전투태세를 취하는 마케도니아식 팔랑크스(밀집 장창 보병대)**
마케도니아의 팔랑크스 전법은 고대 그리스의 전법과 달리 보병들이 긴 창, 사리사를 들고 가로 16줄, 세로 16줄로 정렬한 채 256명을 한 단위로 돌격하는 전법이다. 마케도니아는 이 전법을 활용하여 큰 승리를 거두었다.

시 그만둔 채 전투에 참가했다. 이들은 오늘날과 달리 스스로 자신의 무기를 구입해야 했다. 그들이 바로 청동으로 된 투구며 방패며 가슴과 정강이 보호대 등 무거운 장비를 다 갖춘 중장보병(hoplites)이었다. 하지만 이렇게 해서 모인 중장보병의 전문성은 상당히 떨어질 수밖에 없었다. 꾸준히 훈련받은 우수한 병사가 아니라 농사를 짓다가 온 시민들의 집단이었기 때문이다.

그 결과, 그리스인이 전통적으로 구사하던 보병 전술에서는 개인의 기량이나 특기를 발휘할 여지가 없었다. 그리스인은 서로 비슷한 수준으로 훈련된 비숙련 병사들을 하나로 조직하여 큰 힘을 발휘할 수 있도록 궁리했다. 그리하여 만들어진 전술이 팔랑크스였다. 중장보병들은 왼손에는 방패를, 오른손에는 창을 들었다. 원형으로 생긴 이 방패(hoplon)를 활용해서 병사들은 자신뿐 아니라 자신의 왼쪽에 서 있는 병사를 방어할 수 있었다.

하지만 어느 전법이나 취약한 지점은 있게 마련이다. 팔랑크스에서는 오른쪽 끝에 서는 병사의 오른편을 지켜줄 사람이 없다. 그래서 주로 가장 용맹하고 담력이 있는 병사가 오른쪽 끝에 서서 전투에 임했다. 간혹 기병 부대가 오른쪽 끝을 보호하는 경우도 있었다.

그런데 문제는 이 팔랑크스 전술을 그리스의 여러 폴리스들이 모두 사용하고 있었다는 점이다. 모두가 팔랑크스 진형을 갖추고 전투에 나오기 때문에, 어느 폴리스에서 병사들을 더 잘 훈련시켰느냐, 어느 쪽 병사들이 더 오랫동안 힘을 발휘하느냐에 따라서 전투의 승패가 좌우되었다. 그리스 본토에서 일어나는 전투는 결국 똑같은 모양으로 생긴 두 진형이 서로 부딪혀 방패로 서로를 밀고 창으로 마구 찌르면서 힘겨루기를 하는 형식이었기 때문이다. 이 힘겨루기 가운데 병사들이 많이 사망하여 대열이 무너지는 쪽이 패배하는 것이었다.

마케도니아식 팔랑크스 전술을 발명하다

알렉산드로스의 부친, 필리포스 2세가 이 전술을 응용하여 마케도니아식 팔랑크스 전술을 만들어낸 것으로 알려져 있다. 이 전술에 따르면, 마케도니아 보병은 한 손에는 작은 방패를 들고, 다른 손에는 '사리사(sarissa 또는 sarisa)'라는 창을 들어야 했다. 이 창은 당시 일반적으로 사용하던 '도리'보다 두세 배 정도 긴 것으로 무려 4~6미터에 달하는 것이었다. 길이가 긴 만큼 무게가 많이 나가는 것도 당연했다. 마케도니아 군인은 전투를 할 때 이 무거운 창을 자유자재로 활용하기 위해 더 많은 훈련을 했을 것이다. 간혹 이 군인들이 긴 창을 들고 쩔쩔매는 모습을 보면서 다른 나라 병사들이 비웃었을지도 모르겠다. 하지만 막상 전투가 시작되면 상황은 달라졌다. 이 긴 창으로 잘 무장한 마케도니아의 군대는 그리스 본토의 군대를 상대할 때 엄청난 파괴력을 보여주었다.

실제로 사리사는 혼자서 들고 찌를 수 있는 창이 아니었다. 서너 명의 병사들이 함께 붙잡고 공격하는 무기였다. 사리사를 든 마케도니아의 보병들은 적에게 다가가다가 적과 거리가 가까워지면 창을 서서히 내렸다. 16개의 오(伍)와 16개의 열(列)로 잘 정렬한 총 256명의 병사들이 긴 창을 들고 행진해오는 모습은 적들을 공포에 질리게 했다. 앞에서부터 3~4열(列)에 있는 병사들은 공격을 하기 위해서 적을 향해 이 창을 앞으로 힘껏 내질렀다. 이 창은 적의 가슴 높이를 향해 사정없이 파고들었다.

그러나 이 창을 모두 한꺼번에 내지르는 것은 아니었다. 상대방을 끊임없이 압박하기 위해서 짝수 오(伍)가 창을 내지르면, 홀수 오는 창을 당기는 방식으로 공격을 했던 것이다. 시간이 지나면 앞열에 있는 창뿐 아니라 뒷열에 있는 창들까지 연달아서 적을 향해 뻗어나갔다. 이렇게 수많은 창들이 정신없이 사방으로 찔러 들어오면, 적진은 금세 아수라장이 되고 말았다. 마케도니아식 팔랑크스와 접전을 하면 아무리 날래고 우수한 병사라 해도 순식간에 부상을 입고 사망할 수밖에 없었다.

이와 같이 마케도니아식 팔랑크스 전술이 막강한 힘을 보이자 다른 폴리스에서도 이 전술을 모방했다. 이 전술은 스파르타를 거쳐 여러 경로를 통해 카르타고의 명장인 한니발 장군에게까지 전해졌다고 한다. 또한 켈트족도 그리스인이나 마케도니아인과 전투를 한 이후로 팔랑크스 전법을 도입했다고 한다.

하지만 이 무시무시한 마케도니아식 팔랑크스 전법에도 취약점이 있었다. 병사들이 긴 창을 사용했기 때문에 기동성이 매우 떨어졌던 것이다. 아무리 병사들이 훈련을 많이 해도 바닥이 평탄한 평야 지역에서만 활용할 수 있다는 점도 결정적인 한계였다. 산지나 계곡에서 팔랑크스 전법은 무용지물이었던 셈이다.

훗날 지중해 세계를 점령했던 로마군은 팔랑크스의 이러한 약점을 잘 알고 있었다. 이들은 유연하고 기동성이 뛰어나며 근접전에도 능한 군단병 전술을 개발했다. 능수능란하게 칼을 사용하는 군단병들이 진형 안으로 침투하면, 긴 창을 들고 있는 마케도니아군은 큰 피해를 입을 수밖에 없었다. 그뿐 아니라 로마군은 빠르게 이동하면서 화살로 적을 공격하는 궁기병대를 양성하여 효과적으로 적진에 투입했다. 이러한 로마군이 보기에 마케도니아식 팔랑크스 전법은 둔하고 무겁기 짝이 없었다.

'망치와 모루' 전술을 펼치다

하지만 필리포스가 펼친 전술에서 결정적인 역할을 한 것은 팔랑크스가 아니었다. 사실 기병(騎兵)이야말로 적군을 물리치는 중대한 요소였다. 당시 마케도니아는 말 산지로 유명한 테살리아의 일부 지역을 차지하고 있었기 때문에 전투에 사용할 수 있는 말을 충분히 보유하고 있었다. 문제는 말을 다룰 수 있는 사람들이 몇 명이나 되느냐였다. 마케도니아의 귀족은 승마에 상당히 익숙했지만, 소수의 귀족으로는 충분한 규모의 기병을 갖출 수 없었다. 이 점에 착안한 필리포스는 평민까지도 기병대에 합류할 수 있도록 제도적인 장치를 만들었다. 이로써 마케도니아는 기병대의 규모를 크게 늘릴 수 있었다.

그러면서도 귀족들이 기득권을 잃었다는 씁쓸한 감정을 느끼지 않도록, 필리포스는 세심하면서도 영리한 방법을 생각해냈다. 귀족의 자제들만 따로 모아 근위 기병대, 즉 헤타이로이(hetairoi)로 편성했던 것이다. 헤타이로이는 그리스어로 '왕과 가까운 자들'을 뜻한다. 귀족의 자제들은 왕을 보필하며 각종 전투에서 맹활약함으로써 기존에 누리던 특권 의식을 계속 누릴 수 있었다.

필리포스 2세는 헤타이로이를 강력한 중기병으로 만들어 각종 전투에 투입했다. 전투 양상은 일반적으로 팔랑크스가 적의 부대와 정면에서 싸우며 적을 붙들어놓고 있는 사이에 헤타이로이가 공을 세우는 형식이었다. 헤타이로이는 적진의 부대와 부대 사이의 빈 공간을 파고들거나, 기동력을 활용하여 적의 대형을 우회한 뒤 적의 후방을 타격하는 방식으로 적진에 결정적인 타격을 입혔다. 이 전법을 '망치와 모루(Hammer and Anvil)' 전술이라고 부른다. 대장간에서 대장장이가 벌겋게 달군 쇠를 모루에 올려놓고 망치로 내리치는 모습을 연상해서 붙여진 명칭이다. 팔랑크스가 '모루' 역할을 했다면 헤타이로이는 바로 '망치' 역할을 담당했다. 알렉산드로스는 훗날 이 전술을 활용하여 오리엔트에서 맞이한 적들을 수없이 격파했다.

02

알렉산드로스, 헬레스폰토스해협 건너 오리엔트로 진출하다

마케도니아의 젊은 통치자 알렉산드로스의 등장으로 그리스 세계는 하나로 통일됐다. 원래 마케도니아인은 그리스어를 사용하는 민족이긴 했으나 그리스인과는 구별되는 민족이었다. 그리스가 찬란한 문화를 꽃피우고 있을 때 마케도니아는 변방에 있는 후진국에 불과했다. 하지만 이제 마케도니아는 그리스 세계를 통일하고 페르시아에 원정군을 파견할 정도로 강성한 나라가 되었다.

알렉산드로스는 젊은 나이에 이미 원숙한 리더십을 보여주었다. 테베에서 일어난 반란을 신속하고 단호하게 진압했고, 도시를 완벽하게 파괴해버리는 과단성마저 보여줬다. 이제 그리스 세계는 알렉산드로스의 완전한 통제하에 놓이게 되었다. 아버지에 이어 코린토스 동맹의 맹주로 추대된 알렉산드로스는 이제 새로운 도전의 때가 왔음을 직감했다. 기원전 334년 그는 소아시아(오늘날의 아나톨리아 반도 일대)에서 군림하던 아케메네스조 페르시아 제국을 침공하기로 결정했다.

• 아킬레우스의 무덤을 방문한 알렉산드로스
알렉산드로스는 트로이 전쟁의 영웅 아킬레우스에게 경의를 표하기 위해 그의 무덤을 찾았다. 이 무덤은 소아시아에 있었을 테지만, 화가는 동방 세계의 이미지를 강조하기 위해 이집트의 피라미드를 배경으로 그려놓았다. 18세기 초 이탈리아 화가 파니니의 작품.

알렉산드로스가 원정을 떠나기 전에 한 일이 있었다. 그것은 바로 본인의 우상인 아킬레우스에게 경배를 올렸던 것이다. 알렉산드로스는 평상시 호메로스가 남긴 영웅 서사시 『일리아스』를 늘 머리맡에 놓아두고 수시로 읽었다고 한다. 그는 트로이 전쟁의 영웅들 가운데 아킬레우스를 자신의 모델로 삼았다. 그는 아킬레우스의 이야기가 호메로스를 통해 후세에 전해질 수 있었던 점을 늘 부러워했다고 한다. 아쉽게도 알렉산드로스는 자신의 영웅적인 원정을 시로 읊어줄 만한 문인을 만나지는 못했다. 그 대신에 알렉산드로스는 아킬레우스가 이루지 못한 일을 성취했다. 아킬레우스는 트로이 전쟁에서 영웅적으로 싸우다가 전사했지만, 알렉산드로스는 유럽과 아시아·아프리카에 거대한 제국을 세우지 않았는가!

헬레스폰토스해협을 건넌 알렉산드로스의 원정군

그리스 세계를 통일한 알렉산드로스는 이제 새로운 모험을 떠나기로 결심했다. 알렉산드로스는 그의 부하인 안티파테르를 그리스 전역의 총독으로 임명한 다음 대군을 이끌고 페르시아로 향했다. 안티파테르는 1만 3,000명이 넘는 병력과 함께 그리스 전역을 다스렸다.

알렉산드로스는 약 6,000명의 기병과 약 3만~4만 명의 보병을 모아 원정군을 조직했다. 알렉산드로스의 군대는 마케도니아인이 주를 이뤘고, 다양한 그리스 도시국가에서 징집된 병사로 구성되어 있었다. 그뿐 아니라 측량사·기술자·건축가·과학자·궁정 관리·역사가 등도 대동했다.

이 가운데 알렉산드로스가 가장 중점을 둔 것은 기병대 병력이었다. 그는 팔랑크스를 기본으로 하되 강력한 기병대를 잘 운용하면 어떤 페르시아 군대라도 물리칠 수 있다고 확신했다. 불과 몇십 년 전에 스파르타의 왕 아게실라오스 2세(재위: 기원전 400~기원전 360)가 페르시아군을 상대로 페르시아 땅에서 군사적 성공은 거둔 적이 있었기 때문이다.

알렉산드로스는 드디어 기원전 334년, 자신의 군대를 120척의 배에 나누어 싣고 헬레스폰토스해협을 건넜다. 헬레스폰토스는 에게해와 마르마라해를 잇는 해협의 이름이다. 오늘날 다르다넬스해협이라고 불리는 이 바다는 보스포루스해협과 함께 유럽과 아시아를 가르는 중요한 경계이기도 하다. 그리스 신화 속 인물인 '헬레(Helle)'가 빠져 죽은 바다라는 뜻에서 '헬레스폰토스(Hellespontos)'라는 이름이 붙었다. 헬레는 보이오티아의 왕 아타마스와 구름의 요정 네펠레 사이에서 태어난 딸이다. 그녀는 날개 달린 황금 양을 타고 바다를 건너서 도망쳤다고 한다. 그런데 어지럼증을 느껴서 양에서 떨어져 그만 바다에 빠져 죽었다는 이야기가 전한다.

유럽과 아시아, 지중해와 흑해를 연결하는 전략 요충지인 헬레스폰토스해협의 길이는 무려 61킬로미터에 달한다. 하지만 이 해협의 폭은 겨우 1~6킬로미터밖에 되지 않고 평균 깊이도 55미터에 불과하다. 이 해협은 아나톨리아반도를 아시아와 유럽 양쪽으로 나누는 상징적인 바다이지만, 건너는 일 자체가 어려운 것은 아니었다. 150년 전, 페르시아 제국의 크세르크세스 1세가 이 바다를 건너 그리스 세계를 침공해왔다. 그런데 이제 마케도니아 왕국의 알렉산드로스 대왕이 오리엔트 원정을 떠나기 위해 이 해협을 건넜다. 이 장면은 역사 속에는 영원한 승자도, 영원한 패자도 없다는 것을 잘 보여준다.

알렉산드로스는 이 바다를 건너면서 불투명한 자신의 미래를 헤아리며 어떠한 생각에 잠겼을지 상상해보자. 20대 초반에 불과했던 알렉산드로스는 이때 몇 년간의 원정을 계획하고 있었을까? 그리고 자신이 어느 지역까지 진출하게 되리라 생각했을까? 알렉산드로스는 자신이 이후의 전투에서 연전연승하고 고대 세계의 영웅이 될 것을 알고 있었을까? 아마도 자신의 우상인 아킬레우스에게 승리를 달라고 기도하지 않았을까?

알렉산드로스가 이끄는 오리엔트 원정군은 무사히 헬레스폰토스해협을 건넜다. 그는 창을 들어 아시아 땅에 꽂으며, 이 땅이야말로 신으로부터 받은 선물이라고 말했다. 그의 눈에는 페르시아 제국 전체를 정복하고야 말겠다는 야망의 불꽃이 이글거렸다. 아버지 필리포스 왕은 무력보다는 외교 수완을 통해서 세력을 확장하는 경향이 많았으나, 알렉산드로스는 정반대로 무력을 앞세워 세력을 확장하는 경향이 다분했다. 이 아시아 땅에서 수많은 전투가 그를 기다리고 있었다.

그라니코스 전투에서 승리한 알렉산드로스

알렉산드로스는 헬레스폰토스를 건너자마자, 고대 도시 트로이를 방문했다. 평소 호메로스의 『일리아스』를 탐독하던 그에게 이 방문은 매우 뜻깊었을 것이다. 알렉산드로스의 군대는 마르마라해 부근의 그라니코스강(지금의 코카바스강)에서 여러 총독(satrap)들이 이끄는 페르시아군과 처음으로 마주했다. 페르시아 총독과 귀족이 군대를 모아 알렉산드로스의 오리엔트 진출을 가로막은 것이다. 이 강을 사이에 두고 전투가 벌어졌다. 이것이 바로 오리엔트 원정의 시작을 여는 그라니코스 전투(기원전 334년 5월)

• 오늘날 그리스 테살로니키에 세워진 알렉산드로스 동상
테살로니키의 해안가에 있는 한 광장에는 수많은 사람의 이목을 끄는 거대한 동상이 세워져 있다. 알렉산드로스 대왕이 명마 부케팔로스를 타고 자신의 군대를 지휘하는 모습을 형상화한 거대한 작품이다. 그리스인 조각가 에반겔로스 무스타카스가 제작하여 1974년에 이 자리에 세워졌다.

이다.

알렉산드로스의 부하들은 강 상류 쪽으로 우회하여 다음 날 공격하자고 건의했다. 하지만 알렉산드로스는 적군과 대치하던 당일, 즉시 공격을 개시하기로 결정했다.

알렉산드로스는 오른쪽 날개를 먼저 내보내 거짓 공격을 했다. 페르시아군의 중앙부에서 병력이 이동하도록 유인하는 작전이었다. 페르시아 중앙부에 틈이 생기자 알렉산드로스가 적진을 향해 돌격했다. 즉시 육박전이 벌어졌고 알렉산드로스와 그의 근위 기병은 많은 수의 페르시아 귀족을 죽이며 기선을 제압했다.

하지만 이 무리한 공격으로 알렉산드로스는 목숨을 잃을 뻔했다. 페르시아 장군 스피토리다테스가 도끼를 들고 달려와 알렉산드로스의 투구를 강하게 내리쳤던 것이다. 천하의 알렉산드로스도 이 타격을 견뎌내지 못했다. 투구는 둘로 쪼개졌고, 그는 일시적으로 정신을 잃고 말았다. 바로 이때, 기병 친위대장 클레이토스가 나타났다. 그는 알렉산드로스를 죽이려는 적장의 팔을 베어 왕의 생명을 구했다.

이 와중에 마케도니아군의 왼쪽에 있던 기병대는 남아 있던 페르시아 기병을 공격했다. 지리한 힘겨루기 끝에 마케도니아 보병이 페르시아군의 진형을 뚫는 데 성공했다. 앞뒤에서 공격을 당하게 된 페르시아군은 끝내 견디지 못하고 도주하기 시작했다.

다리우스 휘하에 있던 그리스 용병들만 도망가지 않고 자리를 지켰다. 그들은 마케도니아인이 동족인 자신들을 공격하지 않을 것이라고 생각했던 모양이다. 하지만 알렉산드로스는 페르시아 측에 가담한 이 그리스인들을 무참히 죽이도록 명령했다. 마지막에 명령을 거두자 살아남은 약 2,000명의 병사들은 채석장으로 보내졌다. 이날 그라니코스 강은 수많은 페르시아인과 그리스인의 피로 붉게 물들었다.

이오니아해안의 여러 도시를 연달아 점령하다

알렉산드로스의 군대가 그라니코스 전투에서 승리하자 사르디스와 같은 페르시아의 여러 도시들이 스스로 항복했다. 알렉산드로스의 군대는 이오니아 해안선(지금의 터키 서부 해안선)을 따라 계속 남하했다. 알렉산드로스는 스스로 항복하는 도시에 한해서 자치권을 승인하겠다고 선포했다. 특히 알렉산드로스는 페르시아의 해상 기지로 사용되던 도시를 차례차례 복속시켜 페르시아군이 해군을 운용하지 못하도록 했다.

알렉산드로스는 냉철한 전략가였다. 그는 '망치와 모루' 전술이 해상에서는 아무런 쓸모가 없다는 것을 잘 알고 있었다. 더욱이 마케도니아 군대는 해군력이 약했던 데 반해 페르시아의 해상 세력은 매우 막강했다. 그래서 알렉산드로스는 결코 페르시아 해군과 상대하는 어리석음을 범하지 않았다. 대신 페르시아 해상 세력의 근거지를 먼저 공격하는 현명한 전략을 폈다. 알렉산드로스는 이미 소아시아로부터 시리아를 거쳐 페니키아의 여러 도시를 공격했다. 그때마다 그의 목표는 페르시아 함대의 거점을 하나씩 파괴하여 페르시아의 해상 전투력을 분쇄하는 데 있었다.

하지만 페르시아군이 지키는 밀레토스는 만만한 상대가 아니었다. 밀레토스는 이오니아 지방의 상업 중심지일 뿐만 아니라, 탈레스·아낙시만드로스·아낙시메네스 같은 유명한 철학자를 배출한 것으로도 유명하다. 알렉산드로스는 그리스 동쪽에서 가장 큰 도시인 밀레토스를 함락시키기 위해서 정교한 공성전을 펴야 했다. 밀레토스는 페르시아 함대의 도움을 받아 알렉산드로스가 이끄는 군대에 저항했다. 하지만 이들의 저항도 잠시뿐이었다. 알렉산드로스는 집중적으로 공격을 퍼부어 결국 밀레토스를 점령했다. 이로써 페르시아 함대를 육지에서 격파하겠다는 알렉산드로스의 계획은 더욱더 현실에 가까워졌다.

알렉산드로스는 밀레토스 이남으로 계속 진군하여 카리아 지역의 대도시 할리카르나소스에 당도했다. 이번에도 알렉산드로스의 군대는 공성전을 벌여 승리를 거두었다. 성이 함락된 뒤, 페르시아의 총독 아다는 알렉산드로스를 자신의 양자로 맞아들였다. 이는 그녀가 죽은 후에 도시의 통치권이 알렉산드로스에게 돌아가도록 하기 위한 조치였다. 알렉산드로스는 그녀의 경쟁자였던 오빠 픽소다로스를 추방한 뒤, 자신의 양어머니가 된 아다를 여왕으로 추대했다. 아다 여왕은 이후에도 카리아 지역의 민중에게 선정을 베풀었다고 한다.

기원전 326년, 아다 여왕이 죽자 이 지역은 아무런 반란 없이 알렉산드로스 제국의 일부가 되었다.

고르디온의 매듭을 끊은 알렉산드로스

이오니아 해안 도시를 줄줄이 점령한 알렉산드로스는 이제 내륙으로 향했다. 기원전 334년의 마지막 달에 그의 군대는 아나톨리아 반도의 중심부에 위치한 프리기아 왕국의 도시인 고르디온에 당도했다. 그곳에서 알렉산드로스는 재미있는 일화를 하나 남겼다. 가공됐거나 왜곡됐을 가능성이 높은 전설이지만, 알렉산드로스의 성격과 기질을 잘 보여주는 일화이다.

고르디온에는 아무도 풀지 못할 정도로 단단히 묶여 있는 매듭이 있었다. 전설에 따르면 프리기아 왕국에는 왕이 없었는데, 어느 날 테르미소스의 신탁에서 "테르미소스에 우마차를 타고 오는 자가 왕이 될 것이다"라는 말이 내려왔다. 그런데 마침 시골 농부 고르디아스와 그의 아들 미다스가 우마차를 타고 테르미소스성에 들어왔다. 사람들은 그가 신탁에서 일컬은 왕이라고 기뻐했고, 고르디아스의 아들 미다스가 프리기아의 왕이 됐다.

• **고르디온의 매듭을 끊는 알렉산드로스**
알렉산드로스가 고르디온의 매듭을 검으로 끊어버리는 장면은 여러 화가들에게 영감을 불어넣었다. 프랑스 화가 앙드레 캐스테뉴가 19세기 말에 남긴 작품.

이후 미다스는 자신과 아버지가 타고 들어온 우마차를 프리기아의 신 사바시오스(제우스)에게 바쳤고, 사바시오스 신전의 신관들은 이 우마차를 신전 기둥에 매우 복잡한 매듭으로 묶었다. 그 후로 이 복잡한 매듭을 푸는 자가 아시아의 왕이 된다는 이야기가 전해져 내려왔다.

알렉산드로스도 이곳에 도착했을 때 이 이야기를 전해 들었을 것이다. '땅끝'까지 가는 것을 꿈꾸는 야심가가 이 이야기를 흘려

들었을 리는 만무하다. 그는 매듭이 있는 곳으로 가서 매듭을 풀어보려고 했다. 하지만 워낙 매듭이 복잡하고 정교하게 묶여 있어서 도무지 풀 수가 없었다. 화가 난 알렉산드로스는 칼을 뽑아들고, 이 매듭을 단번에 끊어버렸다.

역사가 플루타르코스는 이 이야기를 약간 다르게 전하고 있다. 알렉산드로스가 칼로 매듭을 끊은 것이 아니라, 매듭을 고정하고 있던 못을 찾아내 뽑았다고 한다. 못을 뽑자 매듭 끈의 양쪽 끝을 찾아내 풀기는 쉬운 일이었다.

결론적으로 두 경우 모두 알렉산드로스는 매듭을 풀어냈다는 점에서는 일치한다. 그는 칼로 베거나 못을 뽑아내는 식으로 이 오래된 문제를 해결했다. 마치 "모로 가도 서울만 가면 된다"는 한국의 속담이 떠오른다. 누군가는 그의 행동에 대해서 정해진 규칙을 따르지 않았다고 비판적인 시각으로 볼 수 있다. 하지만 긍정적으로 보면 그는 창의적인 방식으로 문제를 해결해낸 사람이다. 이 일화를 통해서 우리는 알렉산드로스의 혁신적인 사고와 과단성을 엿볼 수 있다. 이 이야기는 콜럼버스가 달걀 한 귀퉁이를 깨서 달걀을 세웠던 일화를 연상하게 한다.

호사가들은 이 사건 때문에 알렉산드로스가 '아시아의 왕'이 되기는 했지만, 매듭을 정상적으로 풀지 않고 칼로 끊어버렸기 때문에 사후 그의 제국이 여러 나라로 분열됐다고 풀이하기도 한다. 어떤 학자들은 이 이야기가 가공된 것이고, 알렉산드로스가 소아시아를 정복하는 과정에서 정통성을 부여하기 위해 퍼뜨린 일종의 정치 선전이라고 보기도 한다.

이 이야기의 진위 여부 논란에도 불구하고, '고르디온의 매듭'이라는 말은 풀기 어려운 문제를 단번에 해결하는 상황을 지칭할 때 곧잘 사용되고 있다.

이 사건 이후로 사기가 충만해진 알렉산드로스의 군대는 지중해 동부 연안에 있는 도시들을 정복하는 작업을 계속했다. 알렉산드로스는 오늘날 터키 동남부 지역에 위치한 타르소스(『성경』에는 '다소'라고 번역됨)마저 점령했다. 타르소스는 이후 헬레니즘 시대와 고대 로마 시대에 국제 무역 도시로 크게 번창했다. 이 도시는 기원전 72년경에는 로마의 속주 길리기아 왕국의 수도가 될 만큼 문화와 학문이 발달했다. 바로 이곳에서 훗날 사도 바울이 태어났다. 타르소스에서 자란 그는 유려한 그리스어를 구사하며, 그리스 문화권에 크리스트교를 전파했던 인물이다.

03

이소스 전투에서
페르시아 제국 다리우스 3세, 패배하다

알렉산드로스는 페르시아의 주력 부대를 격파하기 위해 계속 남하했고 드디어 이소스에 다다랐다. 기원전 333년에 벌어진 이소스 전투는 마케도니아의 알렉산드로스 3세가 아케메네스 왕조 페르시아 제국의 다리우스 3세의 대군을 상대로 승리했던 전투이다. 약 4만 명에 달하는 마케도니아군은 이소스에 다다랐다. 고대 도시 이소스는 오늘날 시리아의 북쪽 국경에 가까운 터키 중남부 지역에 자리 잡고 있었다.

한편 다리우스는 이미 수많은 병사들을 모으고 있었다. 고대 역사가들은 이 전투에서 다리우스가 이끈 군대의 규모를 20만 명으로 보기도 하지만, 현대의 역사가들은 약 10만 명 정도로 추정한다. 마케도니아군으로서는 두 배가 넘는 적과 낯선 땅에서 싸워야 하는, 상당히 불리한 입장이었다.

이 두 군대는 이소스 남부의 한 얕은 강을 두고 평야에서 마주했다. 다리우스의 군대는 북쪽에서 남쪽을 내려다봤고, 알렉산드로스의 군대는 남쪽에서 북쪽을 내려다보았다. 전투를 먼저 시작한 것은 다리우스 측이었다. 다리우스는 자신의 오른쪽에 포진한 기병대와 그리스인 용병 팔랑크스에 공격 명령을 내렸다.

이 공격을 막아내었던 것은 알렉산드로스의 왼쪽 날개에 있던 파르메니온 장군이 이끄는 보병과 기병 혼성부대였다. 파르메니온의 부대는 수적 열세에도 불구하고, 전투가 끝날 때까지 지구전을 폈다. 그 결과 적의 주력 부대를 계속 붙잡아주는 역할을 수행했다. 파르메니온은 맷집과 지구력이 있을 뿐 아니라 군사적 지도력도 탁월했다. 만약 페르시아 기병대와 용병 보병대가 파르메니온의 부대를 궤멸시켰다면, 이 전투는 시시하게 끝났을 수도 있었다.

한편 페르시아군 본진과 왼쪽 날개는 보병들이 지키고 있었다. 알렉산드로스는 본진에 위치한 팔랑크스에게 전진 명령을 내렸다. 잘 훈련된 마케도니아군은 적들이 쏘는 화살과 던지는 창을 보고도 두려움 없이 전진했다. 강을 건넌 마케도니아군의 본진은 페르시아군 본진과 맞붙어 용맹하게 싸웠다.

황금 투구를 쓴 알렉산드로스, 다리우스와 결투를 벌이다

이제 알렉산드로스가 나설 차례였다. 보병을 이끌고 페르시아군의 왼쪽 날개를 공격한 알렉산드로스는 허술한 페르시아군의 보병 전열을 뚫을 수 있었다. 이제 바로 뒤에 있던 다리우스를 직접 공격할 수 있는 거리로 접어들었다. 알렉산드로스는 다리우스를 보자마자 말을 갈아타 근위 기병대를 이끌고 전력으로 돌진했다. 알렉산드로스는 늘 흰 깃털을 단 황금 투구를 쓰고 전쟁터를 누볐기 때문에 멀리서도 쉽게 포착할 수 있었다. 번쩍거리는 황금 투구를 쓴 알렉산드로스가 맹렬한 속도로 가까이 다가오자 다리우스는 겁을 먹고 황급히 도주했다.

이미 도망간 다리우스를 계속 쫓아갈 수는 없는 노릇이었다. 전투 초반부터 공격을 버텨내던 파르메니온의 부대는 이제 힘이 부치기 시작했고, 본진도 힘겹게 싸우고 있었다. 이를 확인한 알렉산드로스는 페르시아군의 본진을 이루고 있던 보병 부대의 후방으로 돌진했다. 알렉산드로스가 뒤쪽에서 공격하자 앞뒤로 협공을 당한 보병들은 크게 당황했다.

- **이소스 전투의 현장**
알렉산드로스 대왕과 다리우스 3세가 치른 이소스 전투를 독일의 화가 알트도르퍼가 상상하여 그린 1529년의 작품. 전투에 대해서 설명하고 있는 상단의 액자 그림이 독특하다.

파르메니온과 싸우고 있던 기병 부대도 자신들의 왕이 전장에서 도망친 것을 알고는 후퇴하기 시작했다. 사기가 꺾여 도망치는 적을 알렉산드로스의 군대가 가만둘 리가 없었다. 알렉산드로스군은 패주하는 페르시아군을 맹렬히 추격하여 막대한 피해를 입혔다.

이 전투에서 사용된 전술은 앞에서 언급했던 '망치와 모루' 전술이다. 이 전술은 알렉산드로스 대왕이 즐겨 사용하던 전술로 이소스 전투뿐 아니라 가우가멜라 전투 당시 페르시아군을 격퇴하는 데 사용됐다. 이 전술에서 가장 중요한 역할을 한 사람은 알렉산드로스가 가장 신뢰하고 의지하던 파르메니온 장군이었다. 그는 마케도니아군 부총사령관에 취임하여 각종 전투에서 중요한 축을 이루었다. 그가 왼쪽 날개를 담당하며 적들의 움직임을 막아섰을 때, 알렉산드로스는 오른쪽 날개에서 정예 기병을 이끌고 빠른 속도로 공격을 감행했다. 파르메니온이 적의 주력부대와 대치하며 시간을 끄는 동안, 알렉산드로스는 '망치'가 되어 적진 속으로 뛰어든 셈이다. 이 전술은 고대 세계를 두려움에 떨게 만드는 강력하고 효과적인 전법이었다.

기원전 333년에 이소스 전투의 승리로 페르시아를 제압하고 아시아 서부를 확보한 알렉산드로스의 군대는 바로 페르시아 제국의 중심부로 향하지 않고, 2년 동안 이집트와 지중해 연안의 도시들을 정복했다. 후방에서 있을지 모르는 소란을 사전에 차단하기 위한 조치였다. 알렉산드로스는 연이은 승리에 우쭐하거나 자만하지 않고 침착하게 다음 전투를 준비했다.

04

티로스를 정복하고 이집트마저 '해방'한 파죽지세의 알렉산드로스

이소스 전투의 소식이 알려지자 레바논과 팔레스타인 지방의 많은 도시들은 두려움에 떨었다. 이들은 혜성처럼 나타난 이 새로운 정복자에게 스스로 무릎을 꿇었다. 비블로스(지금의 주바일)와 시돈(아라비아어로 사이다)이 알렉산드로스의 손에 넘어갔다. 그러나 오랜 전통을 지니고 있던 페니키아인의 무역항 티로스(Tyros)만큼은 자존심을 굽히지 않았다. 티로스는 해안으로부터 약 1킬로미터 떨어진 수르섬에 해안을 따라 높이 60미터에 이르는 성벽을 지었다. 가히 난공불락(難攻不落)이라 할 만했다.

그러자 알렉산드로스는 모든 포위 공격 기술을 동원해 그곳을 점령하려 했다. 하지만 이 공격은 쉽사리 끝나지 않았다. 무려 7~8개월 동안 마케도니아군은 막대한 손실을 입었다. 알렉산드로스는 티로스를 포위하고 있을 때 꿈을 꿨는데, 춤을 추고 있는 사티로스(Satyros)를 봤다고 한다. 마침 꿈을 해석해주는 인물이 군대에 있어 그의 꿈을 해석했다. 사타로스(Satyros)를 Sa와 Tyros로 나눌 수 있는데, 이것은 그리스어로 풀이하면 '티로스는 당신의 것'을 의미한다. 이 풀이에 따르면 티로스의 함락은 의심의 여지가 없었다. 이러한 꿈풀이에 자신감을 얻은 알렉산드로스 대왕은 티로스에 대한 포위 공격을 감행했다.

문제는 티로스섬이 바다 한가운데 있다는 점이었다. 알렉산드로스는 연륙교(連陸橋)를 지은 다음 누차를 올려 티로스섬을 공격하고자 했다. 그러나 티로스인들도 가만히 있지 않았다. 이들은 인화 물질을 가득 실은 화공선을 보내 이를 불태워버렸다. 알렉산드로스는 해군이 오기를 기다린 다음 티로스섬을 포위했다. 적선들이 나오지 못하게 한 다음 연륙교와 바다에서 동시에 공격을 퍼부었다. 이 와중에 티로스인은 그리스인 포로들을 죽여 성벽에 내다 거는 등 각종 도발 행위로 그리스 출신의 군인을 자극했다.

한편, 알렉산드로스 군대가 티로스를 포위하는 동안 페르시아

군도 가만히 있지 않았다. 페르시아군은 육로와 해로를 통해 반격을 가해 몇몇 도시와 섬을 되찾고 있었다. 티로스 포위전이 진행 중일 때 다리우스는 파격적인 제안을 내놓았다. 곧 자기 가족의 몸값으로 1만 달란트라는 거액을 지불할 뿐 아니라, 유프라테스강 서쪽의 모든 땅을 양도하겠다는 것이었다. 전하는 이야기에 따르면, 파르메니온은 알렉산드로스에게 "내가 알렉산드로스라면 그 제안을 받아들이겠습니다"라고 말하자, 알렉산드로스가 "나 역시, 내가 파르메니온이라면 그랬겠지"라 응수했다고 한다. 적극적이고 과감한 알렉산드로스와 충성스럽고 침착한 파르메니온의 성격 차이를 단적으로 보여주는 일화이다.

기원전 332년 7월 알렉산드로스 군대는 티로스섬을 함락시켰다. 성이 함락되자 알렉산드로스는 성안에 있던 병사들을 모두 죽이라고 명령했다. 티로스성안에서는 분노의 대살육이 벌어졌다. 왕족을 제외한 여자와 아이 3만 명은 전부 노예로 팔려나갔다. 알렉산드로스의 단호한 태도는 다른 전투 때와 사뭇 달랐다. 이번만큼은 알렉산드로스가 적들에게 유독 가혹했다. 이 전투가 그만큼 고되고 힘들었기 때문일 것이다.

티로스가 함락되자, 알렉산드로스는 자신의 충신 파르메니온을 시리아에 파견했다. 파르메니온은 시리아의 수도 다마스쿠스

• **예루살렘 성전 안에 들어가 『구약성경』을 읽는 알렉산드로스 대왕**
알렉산드로스가 「다니엘서」의 예언을 읽었다는 요세푸스의 기록을 바탕으로 상상하여 그린 그림. 이탈리아 화가 콘카가 그린 1736년 작품이다.

를 점령하고, 다리우스의 금고를 열어 많은 전리품을 확보했다. 하지만 계속 남쪽으로 진군하던 알렉산드로스의 군대에 또 다른 저항이 있었다. 이집트로 가는 길목에 위치한 가자(Gaza)성 주민들이 알렉산드로스에게 항복하지 않았던 것이다. 그들은 가자성이 험한 산 위에 지어졌다는 것만 믿고 알렉산드로스의 군대에 저항했다. 2개월 동안 힘겨운 싸움이 이어졌다. 알렉산드로스는 돌격전을 벌이던 가운데 어깨에 심한 부상을 입기도 했다. 여러 차례 공격 끝에 간신히 성을 함락시킨 알렉산드로스는 이번에도 가혹한 조취를 취했다. 가자성의 남자들을 모조리 죽였을 뿐 아니라 여자와 아이를 모두 노예로 팔아버렸다.

티로스와 가자가 함락되자 예루살렘은 스스로 문을 열고 항복했다고 전해진다. 이와 관련해서 유대인 역사가 요세푸스는 『유대 고대사(Jewish Antiquities)』에서 흥미로운 이야기를 남겼다. 알렉산드로스가 예루살렘 성전 안에 들어가자, 성직자들이 그에게 『구약성경』의 「다니엘서」의 한 구절을 보여주었다. 그 구절에는 힘이 강한 그리스 왕이 페르시아 제국을 굴복시켜 정복할 것이라는 예언이 적혀 있었다.

하지만 이 이야기는 진위에 대한 의혹이 강하게 제기되고 있다. 이미 몇 세기가 지난 후에 기록된 내용일 뿐 아니라 다른 사료에서는 비슷한 이야기를 찾을 수 없기 때문이다.

이집트를 수월하게 정복한 알렉산드로스

소아시아를 거쳐 시리아와 페니키아에서 숱한 전투를 하고 온 알렉산드로스에게 이집트 정복은 대단히 수월했다. 이곳을 통치하던 페르시아의 총독 마자케스가 알렉산드로스에게 바로 항복하는 길을 택했기 때문이다.

그 결과 기원전 332년 말, 알렉산드로스는 이집트의 수도 멤피스에서 따뜻한 겨울을 보낼 수 있었다. 알렉산드로스는 이집트 주민들에게 큰 인기를 끌었다. 그들의 눈에 알렉산드로스는 페르시아의 압제에 시달리던 이집트인을 구해준 '해방자'로 보였기 때문이다. 알렉산드로스는 스스로 복속되기를 청한 이집트인에게 자치를 허락해주는 등 관대한 조치를 취했다.

멤피스에서 알렉산드로스는 그리스어로 '아피스'라 불리는 하피 신에게 이집트의 신성한 황소를 제물로 바쳤다. 그리고 파라오가 쓰던 전통적인 왕관을 쓰고 대관식을 치렀다. 그는 토착 종교의 제사장을 회유하고 이들의 종교를 장려하는 정책을 폈다. 겨울 동안 이집트의 행정을 재편하면서 이집트인 총독을 고용했다. 반면 군대의 지휘는 별도로 마케도니아인이 맡도록 했다.

이집트에 있으면서 알렉산드로스는 이집트 북부 지중해안에 있던 한 작은 마을을 거대한 도시로 만들고자 했다. 이 지역은 나일강 서쪽 지류 부근 바다와 마레오티스호수 사이에 위치해 있으면서 파로스섬이 방벽 구실을 하는 최적의 입지였다.

알렉산드로스는 오리엔트 원정대에 합류했던 로도스 출신의 건축가 디노크라테스에게 도시의 설계를 맡겼다. 이 도시가 바로 오늘날까지 알렉산드로스의 이름을 간직하고 있는 이집트의

· 알렉산드리아 건설을 지시하는 알렉산드로스 대왕
알렉산드로스가 그리스 건축가 디노크라테스에게 자신의 이름을 딴 도시, 알렉산드리아 건설을 지시
하는 장면이다. 그 뒤로 거대한 규모의 성을 축조하는 공사가 한창이다. 이탈리아의 화가 콘스탄치가
1736~1737년 사이에 제작한 바로크풍의 작품이다.

알렉산드리아이다. 그가 죽은 이후 이집트의 알렉산드리아는 프
톨레마이오스 왕조의 수도로 사용되었다.

 알렉산드로스는 나일강이 매년 범람하는 이유를 조사하기 위
해 탐험대를 보내는 한편, 자신은 알렉산드리아에서부터 내륙으
로 행군했다. 그는 알렉산드리아에서 서쪽으로 약 400킬로미터
떨어진 시와(Siwa)로 향했다. 그동안 말로만 들어왔던 유명한 아
몬 신전에 직접 가보고 싶었기 때문이다. 그는 시와에 있는 신전

에 가서 새로운 칭호를 부여받았다.

신관들은 그를 '세계의 임금'이면서 동시에 이집트 최고의 신인 '아몬 신의 아들'로 인정했다. 이후부터 알렉산드로스는 그리스 최고의 신인 제우스와 아몬을 동등하게 여겨, 자신을 '제우스-아몬의 아들'이라고 일컬었다. 그가 죽은 이후로 주조된 동전을 보면 알렉산드로스의 머리에 숫양의 뿔이 새겨져 있다. 이런 현상은 그를 '제우스-아몬 신의 아들'로 믿는 신앙과 관련이 깊다.

그러나 알렉산드로스가 이집트 세계의 태양왕, 즉 파라오라는 이름을 얻기 위해서는 해결해야 할 과제가 있었다. 아직도 오리엔트의 넓은 땅과 수십만 대군을 거느리고 있는 페르시아의 샤(페르시아어로 '왕')를 무찔러야만 했던 것이다.

한편 알렉산드로스에게 크게 패배한 다리우스 3세는 몹시 다급해졌다. 알렉산드로스가 이집트 정복으로 지중해 동부 해안과 페르시아 서부 해안 전 지역에 대한 지배권을 완전하게 장악했을 뿐 아니라 그곳에 있던 함선들도 차지해버렸기 때문이다.

기원전 331년 봄 알렉산드로스는 자신을 신성시하던 이집트를 떠났다. 그는 티로스로 다시 돌아와 마케도니아인 부하를 시리아의 총독으로 임명했다. 그리고 자신은 본대를 이끌고 메소포타미아로 진군할 준비를 했다.

05

페르시아를 멸망시키고
중앙아시아까지 진출하다

기원전 331년, 알렉산드로스가 거느린 군대는 드디어 메소포타미아까지 이르렀다. 고대 문명의 발상지 가운데 하나인 메소포타미아 지역에는 오랜 역사를 자랑하는 도시가 많았다. 그중에서도 유서 깊은 도시이자 페르시아 제국의 중심 도시 가운데 하나인 바빌론으로 향하기 위하여 알렉산드로스는 티그리스강 유역을 따라 남하했다. 하지만 알렉산드로스의 선택은 이번에도 비범했다. 유프라테스강을 따라 바빌론으로 내려가는 통상적인 길을 택하지 않고, 메소포타미아 북부를 가로질러 티그리스강을 향해 나아간 것이다.

이 무렵 알렉산드로스 군대가 오고 있다는 것을 알고 있었던 다리우스 왕은 이소스에서 겪었던 쓰라린 패배를 설욕하고자 절치부심했다. 다리우스는 유프라테스강 건널목에 파견된 마자에오스 총독 휘하의 선발대로부터 이러한 움직임을 보고받았다. 그래서 그를 가로막기 위해 티그리스강 위쪽으로 행군했다. 다리우스는 페르시아 제국의 전역에서 병사들을 끌어모아 대군을 준비시켰다.

다리우스는 대군을 활용하여 알렉산드로스의 군대를 아예 포위할 작전을 세우고 있었다. 이 작전을 수행하기 위해 군대를 이끌고 메소포타미아 아르벨라 근교의 가우가멜라 평원에서 진을 쳤다. 역사가 플루타르코스에 따르면 가우가멜라는 '낙타의 집'이라는 뜻이라고 한다.

특별히 전차는 교전을 위해 평평한 들판에 배치했다. 드넓은 들판에서 최후의 일전을 준비한 두 군대는 지평선을 까맣게 채웠다. 위풍당당한 두 군대는 드디어 기원전 331년 10월 1일, 운명의 결전을 펼쳤다. 이것이 바로 두 제국의 운명을 가르는 가우가멜라 전투였다.

가우가멜라 전투, 수적 열세에 처한 알렉산드로스

양쪽 군대의 규모를 파악하는 일은 상당히 어렵다. 고대의 여러 역사가들이 서로 다른 수치를 제시하기 때문이다. 우선 역사가 아리아노스에 따르면 다리우스 측의 군대는 기병 4만 명에 보병 100만 명에 달했다고 한다. 반면에 디오도로스는 기병 20만명에 보병 80만 명이 이 전투에 나섰다고 주장했다. 하지만 당시 다리우스가 이 정도 규모의 대군을 모으기에는 역부족이었을 것이다. 현대의 역사가들은 이 숫자가 알렉산드로스의 승리를 과장하기 위해서 부풀려진 것이라 보고, 다리우스가 동원한 군대가 10만 명 안팎이었을 것으로 추정한다.

한편 마케도니아측의 군대의 수는 이보다 훨씬 적었다. 아리아노스에 따르면 알렉산드로스는 경보병 9,000명, 중장보병 3만 1,000명, 기병 7,000명을 이끌고 가우가멜라 전투에 임했다. 알렉산드로스의 군대는 수적으로 훨씬 열세였던 것은 분명하다. 하지만 오랜 시간 연전연승하며 호흡을 맞추어온 마케도니아 병사들의 사기는 페르시아군의 사기를 크게 압도하지 않았을까?

알렉산드로스를 승리로 이끈 결정적인 일격

양 군대가 대치하고 있는 가우가멜라 평원의 밤은 지극히 고요했다. 페르시아군은 혹시 있을지 모르는 마케도니아 군의 야간 기습에 대비하여 밤새 긴장하고 있었다. 반면에 먼 길을 달려온 알렉산드로스의 군대는 전날 밤 충분한 식사와 휴식을 취한 뒤 다음 날 전투에 임했다.

10월 1일, 드디어 역사적인 전투가 시작되었다. 양측의 대군은 평야로 나와 진열을 갖추었다. 페르시아군은 다리우스를 중심으로 각기 자리를 잡았다. 다리우스의 전후좌우에는 불사부대(不死部隊, Immotals)라고도 불리는 1만 명의 최정예 친위대, 그리고 기병과 그리스 출신의 용병이 배치되어 있었다. 그뿐 아니라 선두에는 전차 200대와 함께 인도에서 끌고 온 전투용 코끼리 15마리도 포진되어 있었다. 반대편에는 마케도니아군이 자리를 잡았다. 중앙에는 두 겹으로 팔랑크스 부대가, 좌우에는 기병이 배치되었다. 알렉산드로스 자신은 오른쪽 날개에서 기병을 지휘했다. 왼쪽 날개는 파르메니온 장군이 담당했다.

양쪽 군대 사이에는 팽팽한 긴장감이 감돌았다. 이 긴장을 먼저 깬 것은 페르시아군이었다. 다리우스는 먼저 자신의 왼쪽 기병대를 보내 마케도니아군의 오른쪽 날개를 공격했다. 그러고 나서 반대편 기병대를 또 보내 마케도니아군의 왼쪽 날개마저 공격했다. 양측이 공격을 주고받는 외중에 페르시아군은 마케도니아군의 중앙이 비어 있다고 판단했다. 그래서 다리우스는 자신을 호위하고 있던 불사부대를 내보내 마케도니아군의 본진을 공격하라고 명했다. 이는 바로 알렉산드로스가 예상했던 상황이었다. 알렉산드로스는 다리우스가 그 명령을 내리기만을 기다리고 있었던 것이다.

알렉산드로스가 이끄는 기병대는 방어가 허술한 다리우스의 본진 앞으로 빠른 속도로 치달았다. 마케도니아군과 접전을 펴고 있어 발이 묶여 있는 페르시아 기병대를 뒤로 하고 알렉산드로스는 어느새 다리우스의 코앞까지 당도했다. 예상치도 못한 상황을 맞이한 다리우스는 당황하고 말았다. 페르시아의 왼쪽 날개 기병대는 위기를 인식하고 군사를 급히 뒤로 돌리려고 했지만, 이미 마케도니아군의 진영 안으로 깊숙이 들어온 상황이었다. 벌써 알렉산드로스는 다리우스를 호위하는 근위대와 그리스 용병을 쓰러뜨리며 다리우스를 향해 돌진해 들어가고 있었다. 2년 전 이소스 전투에서도 그러했듯이, 다리우스는 생명의 위협을 느끼자 말머리를 돌리고 후퇴 명령을 내렸다.

다리우스는 2년 전과 마찬가지로 '망치와 모루' 전술에 또다시 무릎을 꿇고 말았다. 다리우스는 군대의 수와 물자가 많았고, 알렉산드로스보다 전쟁터에서 대군을 지휘한 경험도 많았다. 하지만 알렉산드로스와 달리 용기와 담력이 부족했다. 페르시아군은 지휘자가 패주하거나 죽으면 급격히 사기가 떨어졌다. 다리우스 3세가 황급히 도망치자 페르시아군 역시 그를 뒤따라 도망칠 수밖에 없었다.

한편 알렉산드로스가 다리우스를 맹렬히 추격해 들어가려고 할 무렵이었다. 마케도니아군 왼쪽의 파르메니온으로부터 다급한 소식이 들려왔다. 파르메니온이 이끄는 왼쪽 날개가 마자에오스가 이끄는 페르시아 기병대로부터 돌파당했고, 마케도니아의 팔랑크스가 둘로 갈라지는 중대한 타격을 입었다는 전갈이었다. 알렉산드로스는 이 긴박한 상황 속에서 선택을 해야 했다. 자신의 부대를 지키느냐, 아니면 다리우스를 쫓아가느냐. 이 짧은 순간, 알렉산드로스는 결국 추격을 포기하기로 결정하고 파르메니온을 돕기 위해 방향을 틀었다.

이것은 아주 현명한 선택이었다. 다리우스 왕은 다음 기회에 잡을 수도 있지만, 파르메니온은 오리엔트 원정을 할 때 자신에게 반드시 필요한 장군이었기 때문이다. 유년기에 아리스토텔레스로부터 집중적인 교육을 받았기 때문일까? 피 튀기는 전쟁터에서도 알렉산드로스는 눈앞의 이익을 좇지 않고, 큰 그림을 볼 줄 아는 지혜로운 지도자였다.

당시 알렉산드로스의 나이는 불과 스물다섯 살이었다. 알렉산드로스는 어떠한 심정으로 전투에 임했을까? 심각한 압박감을 느끼거나 적의 위세에 압도됐을까, 아니면 승리를 확신하고 역사에 기록될 전투에 두려움 없이 임했을까? 우리가 2,300여 년 전 알렉산드로스라는 독특하고 탁월한 군주의 심리를 파악하는 것은 거의 불가능에 가깝다. 다만 이 청년이 적의 압도적인 위세에도 굴하지 않고 침착하게 전투에 임했다는 사실만은 확실히 알 수 있다.

페르시아군이 퇴각하다

알렉산드로스는 패배한 페르시아군을 아르벨라까지 약 50~60킬로미터나 추격했으나, 다리우스는 자기 휘하의 박트리아 기병대와 그리스 용병대를 이끌고 메디아로 피신했다. 다리우스는 이소스 전투에 이어 다시 한 번 도망치는 수모를 겪어야 했다. 바빌론 궁정에 남아 있던 그의 어머니 시시감비스와 왕비 스타테이라, 두 공주와 어린 왕자는 배신감과 당혹감을 느낄 수밖에 없었다. 다리우스가 산을 넘어 도망가는 동안 알렉산드로스는 바빌론을 점령했다. 바빌론에 남아 있던 다리우스의 가족은 두려운 마음으로 알렉산드로스의 처분을 기다렸다. 그런데 시시감비스는 알렉산드로스 옆에 서 있던 헤파이스티온 장군을 왕으로 착각하고 그의 발 앞에 무릎을 꿇고 말았다. 헤파이스티온이 알렉산드로스보다 키가 더 큰데다가 둘이 비슷한 옷을 입고 있었기 때문이다. 결정적인 순간에 큰 실수를 저질러 두려워하고 있던 시시감비스에게 알렉산드로스는 이렇게 말했다.

"어머니, 아무 걱정 마십시오. 정확히 알아보셨습니다. 바로 이 사람도 알렉산드로스입니다."

시시감비스는 적장으로부터 이런 따뜻한 말을 들을 줄 상상이나 했을까? 알렉산드로스가 이후에도 인간적인 애정으로 다리우스의 가족을 대하자 시시감비스는 알렉산드로스를 아들처럼 아끼고 존중했다고 한다.

한편 페르시아군의 마자에오스가 이끄는 기병대는 마케도니아의 전선을 뚫고 들어와 후방에 잡혀 있던 다리우스의 가족을 구하려 했다. 하지만 다리우스의 어머니는 이미 페르시아군에 돌아갈 뜻이 없어서 구조를 거부했다고 전해진다.

마자에오스는 다리우스가 도망쳤다는 소식을 듣고 부대를 퇴각시켰다. 그러자 페르시아군은 허겁지겁 달아나기 시작했다. 알렉산드로스의 총추격 명령을 받은 군대는 해가 질 때까지 쉬지 않고 다리우스를 추격했다.

이탈리아의 화가 조반니
안토니오 바치가 로마에
세워진 건축물 빌라 파르
네시아에 그린 벽화이다.
알렉산드로스 옆에 헤파이
스티온이 서 있다.

프랑스의 화가 샤를 르 브
룅이 1661년에 그린 작품
이다. 다리우스의 어머니
시시감비스와 식솔들의 간
절한 태도가 눈에 띈다.

이탈리아 화가 파올로 베
로네세가 그린 16세기 중
반의 작품이다. 배경이 되
는 건축물과 사람들이 입
고 있는 복장은 헬레니즘
시대가 아닌 르네상스 시
대의 것이다.

- **다리우스 3세의 가족을 대면한 알렉산드로스 대왕**

  알렉산드로스는 이소스 전투에서 승리한 후, 페르시아의 왕 다리우스의 가족을 극진하게 대우했다. 알
  렉산드로스의 선한 군주로서의 면모를 보여주는 이 극적인 장면은 여러 화가에 의해서 다양한 방식으
  로 그려졌다.

가우가멜라 평원에는 다리우스의 군대가 남겨놓고 간 각종 무기와 전리품, 그리고 수많은 병사들의 시체가 나뒹굴었다. 다리우스의 군대는 심각한 타격을 입은 채 동쪽으로 멀리 도망쳤다. 다리우스는 그곳에서 다시 군대를 규합해 반격을 꾀했다. 그러나 병사들의 사기는 땅에 떨어졌을 뿐 아니라 속주의 총독들은 연달아 패주한 다리우스에게 더 이상 지지를 보내지 않았다.

손쉽게 바빌론성에 입성하다

알렉산드로스는 별다른 저항 없이 바빌론성에 입성했다. 페르시아 제국의 샤가 된 것이다. 이곳 바빌론에서 알렉산드로스와 그가 이끌던 군대는 승리의 기쁨을 만끽했다.

이때까지만 해도 누구도 이곳에서 알렉산드로스가 최후를 맞이할 줄 몰랐을 것이다. 하지만 불과 몇 년 후인 기원전 323년, 알렉산드로스는 서른세 살의 나이에 이곳 바빌론에서 세상을 떠났다.

자신에게 닥칠 운명을 알지 못했던 알렉산드로스는 또다시 길을 나섰다. 그는 바빌론을 떠나 수사에 당도했다. 수사를 평정한 다음 소수의 병력만 남겨두고 병력의 대부분을 페르세폴리스로 보냈다.

페르세폴리스는 페르시아가 야심차게 건설한 신도시이자 일종의 계획도시였다. 이 웅장한 도시는 페르시아의 번영과 부를 한눈에 볼 수 있을 정도로 화려했다고 한다. 다리우스 1세 때부터 이 도시에 거대한 궁전을 짓기 시작했는데, 그의 아들 크세르크세스 1세가 완성했다. 이 부자(父子)가 누구인가? 바로 대군을 이끌고 그리스 세계를 침략했던 페르시아 전쟁의 주역들이었다.

기원전 330년 이들이 세운 도시 페르세폴리스에 알렉산드로스가 마침내 입성했다. 약 150년 전 페르시아 전쟁으로 그리스 세계가 당한 고통과 울분을 씻어내는 감격의 순간이었다. 알렉산드로스는 부하들이 도시를 며칠 동안 약탈할 수 있도록 허락했다.

알렉산드로스는 페르세폴리스에 약 5개월 동안 머물렀다. 그가 머무는 동안 성안에서 큰 화재가 발생해 도시가 크게 불탔다. 그러나 혹자는 알렉산드로스가 고의적으로 화재를 일으켰다고 주장한다. 페르시아 전쟁 중 크세르크세스가 아테네의 아크로폴리스를 불태운 일에 대한 복수로 본 것이다. 어떤 기록에는 그가 술에 취해서 우발적으로 도시를 불태우라는 명령을 내렸다고 적혀 있기도 하다. 하지만 어떤 이야기가 진실인지는 알 수가 없다.

그런데 알렉산드로스가 1년 뒤 불에 탄 페르세폴리스를 다시 방문했다고 한다. 한때 화려했던 이 도시가 불에 타 폐허로 전락한 모습을 보고 매우 안타까워했다고 전해진다. 역사가 플루타르코스는 알렉산드로스가 가던 길을 멈추고 크세르크세스를 떠올리며 말을 걸었다고 기록했다.

"그리스를 침략했던 당신에 대해서 내가 어떻게 해야겠소? 당신의 무덤을 그냥 이대로 내버려두고 지나가야겠소? 아니면 당신의 위대함과 미덕을 고려하여 무덤을 다시 세워야겠소?"

알렉산드로스는 페르세폴리스에서 정착할 생각이 전혀 없었다. 그의 머릿속은 아직까지 살아 있는 다리우스를 추격해야 한다는 생각으로 가득했다. 그래서 우선 메디아와 파르티아로 진격했다.

한편 이 소식을 들은 다리우스는 중앙아시아로 들어가 박트리아 일대에서 게릴라 전투를 감행하고자 준비하고 있었다. 하지만 대군을 거느리고도 계속된 패배를 반복한 다리우스 3세의 권위는 이미 사라지고 없었다. 마지막 결전을 준비하고 있던 다리우스는 결국 자신의 부하인 총독 베소스와 그의 동료에게 죽임을 당했다. 기원전 330년의 일이었다.

• **알렉산드로스 대왕의 군대가 세운 것으로 알려진 요새**
알렉산드로스는 군대를 이끌고 중앙아시아의 고원 지대를 횡단하여 여러 도시를 세웠다. 오늘날 아프가니스탄의 고원 지대에 위치한 신단드 지역에는 산 주위에 세워진 요새의 흔적이 남아 있다. 이 요새는 기원전 330년 전후로 알렉산드로스 대왕이 이 일대를 정복하는 과정에서 세워진 것으로 전해진다.

　화려했던 대제국 아케메네스 왕조 페르시아의 허망한 최후였다. 베소스는 소그디아나의 유력자 스피타메네스와 총독인 옥시아르테스 등과 동맹을 맺고, 스스로를 페르시아의 샤인 아르타크세르크세스(Artaxerxes)라 일컬었다.

　그렇다면 페르시아의 샤, 다리우스를 죽인 베소스라는 인물은 누구였을까? 그는 페르시아 제국 아케메네스 왕조의 박트리아 총독이었다. 그렇다면 스스로 왕이 된 그는 어떠한 결말을 맞이했을까?

다리우스를 죽인 배신자 베소스의 최후

한때 자신의 적이었던 다리우스 3세의 시체를 발견한 알렉산드로스의 반응은 비범했다. 다리우스 3세의 시체를 발견한 뒤 기뻐하기는커녕, 오히려 성대한 장례식을 치른 후 다리우스 3세를 매장했다. 그는 이 상황을 이용하여 다리우스 3세의 복수를 한다는 명목으로 베소스 토벌 명령을 내렸다. 알렉산드로스의 군대는 이제 베소스를 처형하기 위해 동쪽의 엘부르즈산맥을 넘어 카스피해 지방으로 향했다.

베소스를 추격하는 와중에 오리엔트 진출은 더 급속도로 진전됐다. 그는 정복하는 곳마다 알렉산드리아라는 이름의 도시를 세웠다.

한편 베소스는 박트리아까지 피신하여 페르시아 대왕의 칭호를 가지고 오리엔트 전역의 총독들에게 전 민족적인 반란을 선동하고 있었다. 알렉산드로스는 베소스를 응징하기 위해 약 3,600미터 고도의 험준한 카와크 고개를 넘어 북쪽으로 힌두쿠시산맥을 가로질렀다. 알렉산드로스가 마침내 박트리아까지 육박하자 베소스는 저항을 포기하고 도망을 선택했다. 그는 옥수스강(지금의 아무다리야강) 너머로 재빨리 달아났다. 이에 알렉산드로스는 서쪽 박트라자리아스파(지금의 아프가니스탄 발크)까지 진군했다.

여기에서 되돌아갈 알렉산드로스가 아니었다. 그는 옥수스강을 건너 프톨레마이오스 장군을 보내 베소스를 추격하도록 했다. 베소스는 호족 출신인 스피타메네스와 옥시아르테스와 함께 옥수스강에서 배를 타고 소그디아나의 나우탁으로 향했다. 하지만 베소스의 이러한 급박한 도피 생활은 오래가지 못했다. 베소스와 함께 강을 건넌 두 동료가 그를 배신한 것이다. 결국 베소스는 포박당한 채 알렉산드로스에게 바쳐졌다.

기원전 329년, 베소스는 생포된 채 매질을 당하고 박트라로 송환됐다. 그러나 그것이 다가 아니었다. 그는 페르시아의 관례에 따라 코와 두 귀를 잘리는 형벌을 받은 후 엑바타나에서 공개적으로 처형당했다. 이로써 다리우스를 배신하고 스스로 페르시아 왕이라 말하던 베소스는 또 다른 배신을 당하고 비참하게 죽고 말았다. 차라리 다리우스를 호위하며 용맹하게 싸우다가 죽었더라면 역사에 의로운 이름을 남겼을 텐데 참으로 안타깝기 그지없다. 눈앞의 이익과 권력 앞에서 인간은 얼마나 쉽게 어리석어지는가!

이렇게 베소스를 처형했음에도 불구하고, 알렉산드로스는 걸음을 멈추지 않았다. 알렉산드로스는 키로폴리스를 경유해 옛

- **록사나에게 마음을 빼앗긴 알렉산드로스**
  알렉산드로스는 중앙아시아의 소그디아나 일대를 점령한 기원전 327년, 박트리아 출신의 록사나와 처음으로 만나 사랑에 빠졌다고 한다. 이탈리아 화가 로타리의 1756년 작품이다.

페르시아 제국의 동북쪽 경계선이었던 작사르테스강(지금의 시르다리야강)까지 나아갔다. 이곳에서 그는 투석기를 사용해 스키타이 유목민의 저항을 꺾었다. 그리고 강을 차지한 뒤 내륙 지역까지 들어가서 알렉산드리아에스카테('가장 먼 알렉산드리아'라는 뜻)라는 이름의 도시를 건설했다.

그런데 베소스를 알렉산드로스에게 넘겨주었던 스피타메네스가 알렉산드로스를 배신하는 일이 발생했다. 그는 여러 주민들을 반란에 동원하고, 사카 동맹국의 한 부족인 마사게타이족도 반란에 끌어들였다. 그는 1년 이상 알렉산드로스군을 교란하며 버텼지만, 결국 기원전 328년 가을에 암살당했다.

그러자 베소스를 넘겨주었던 또 다른 인물, 옥시아르테스 역시 알렉산드로스에 반기를 들었다. 옥시아르테스를 비롯한 여러 호족이 파라이타케네(지금의 타지키스탄) 산악 지대에서 저항을 계속했다. 알렉산드로스 휘하의 용감한 병사들이 앞장서서 옥시아르테스가 거점으로 삼았던 험한 바위산을 점령했다.

그런데 포로 가운데 옥시아르테스의 딸 록사나가 있었다. 알렉산드로스는 그녀의 빛나는 미모와 고결한 성품에 반했다고 전해진다. 그뿐 아니라 반기를 든 세력과 화해를 이루려는 의미에서도 알렉산드로스는 그녀와 성대한 결혼식을 올렸다. 이 전투를 끝으로 소그디아나 일대에서 나머지 적들은 항복하거나 흩어져 없어졌다.

이와 같이 베소스를 추격하는 와중에 알렉산드로스는 영토를 크게 확장했다. 그는 메디아·파르티아·아리아·드란지아나·아라코시아·박트리아·스키타이 일대를 점령했고, 알렉산드리아라는 이름으로 여러 도시를 세웠다. 또 그 와중에 아내 록사나도 얻었다. 이제 알렉산드로스는 오리엔트 지역의 명실상부한 일인자가 되었다. 기원전 330년에 로도스섬에 새겨진 한 명문(銘文)에는 그를 '아시아(페르시아 제국)의 군주'라고 기록했다. 이후부터 오리엔트 지역에서 발행한 주화에도 왕의 칭호가 덧붙었다. 이만하면 천하의 알렉산드로스도 만족할 때가 되지 않았을까?

충신 파르메니온 장군도 피할 수 없었던 토사구팽

알렉산드로스와 그를 따르던 장군들은 고향 마케도니아를 뒤로 하고 전쟁터에서 10여 년 동안 싸워왔다. 고향의 풍토와는 너무나 다른 옛 페르시아 땅에서 장군들은 서서히 전쟁의 피로로 지쳐가고 있었다. 천하의 알렉산드로스 역시 계속되는 전쟁 속에서 부하들을 설득하는 데 지치지 않았을까? 전투 그 자체보다 부하들을 이끄는 일이 더 힘에 부치지는 않았을까? 몇 가지 사건을 통해서 알렉산드로스의 심경을 읽어볼 수 있다.

알렉산드로스는 자신을 믿고 따르던 부하들을 죽이기도 했다. 베소스를 추격하며 중앙아시아 일대를 점령하던 와중인 기원전

330년, 드랑기아나의 프라다(지금의 이란 동부지역의 고원지대인 세이스탄 일대)에서 파르메니온의 아들 필로타스를 제거했다. 알렉산드로스를 암살하려는 시도에 연루됐다는 죄목이다. 필로타스는 마케도니아군에서 가장 중요한 기마군단의 총사령관이었다. 기원전 334년, 밀레투스를 공격할 때 페르시아군의 공격을 잘 막는 등 전쟁터에서 공이 많았다.

그러나 오리엔트 원정에 종군하던 중 필로타스는 젊은 장교들이 기획한 알렉산드로스 3세 암살 미수 사건의 주모자로 그 이름이 올랐다. 정예 근위 기병대의 지휘관이던 파르메니온의 아들 필로타스가 알렉산드로스 살해 음모에 연루됐다는 혐의로 유죄 판결을 받았다. 충신의 가문에서 태어나 군 생활을 하던 필로타스에게 이 판결은 견디기 힘든 치욕이었을 것이다. 하지만 그는 수치심을 느낄 겨를도 없이 순식간에 처형되고 말았다.

알렉산드로스는 필로타스의 아버지인 파르메니온 역시 이 사건에 연루됐다는 이유로 그를 암살하라고 지시했다. 이에 파르메니온의 부지휘관인 클레안드로스는 알렉산드로스가 보낸 비밀 서신의 지령에 따라 파르메니온을 암살했다. 당시 다른 도시를 통치하고 있던 파르메니온은 명령에 불복종하고 반란을 일으킬 수 있었지만, 미처 손쓸 시간도 없이 죽고 말았다. 이같이 알렉산드로스의 무자비하고 예측할 수 없는 조치는 많은 사람에게 두려움을 불러일으켰을 것이다. 이 사건으로 파르메니온의 지지자는 모두 제거되고, 알렉산드로스의 측근이 더 많은 권력을 누리게 됐다.

파르메니온 장군은 '망치와 모루' 작전에서 가장 핵심적인 '모루' 역할을 담당한 탁월한 장군이었다. 그의 역할이 없었다면, 알렉산드로스는 지속적으로 승리할 수 없었을 것이다. 그런데 왜 알렉산드로스는 파르메니온 장군과 그 일가를 파멸시켰을까?

알렉산드로스가 파르메니온과 그 일가를 제거한 이면에는 고도의 정치적 계산이 깔려 있었다. 누가 봐도 파르메니온 장군은 알렉산드로스의 뒤를 잇는 제2인자였다. 알렉산드로스가 곧 중앙아시아 일대를 정복한 뒤 페르시아 제국의 옛 수도로 돌아오면 제국의 주도권을 두고 내전이 발생할 우려가 있었다. 알렉산드로스는 다혈질에 무자비한 자기 대신에 파르메니온을 내심 따르는 지지자들이 많이 있었을 것으로 짐작했다.

게다가 이미 페르시아를 물리친 이 시점에 더 이상 '망치와 모루' 작전을 펼 정도로 강력한 상대는 남아 있지 않았다. 알렉산드로스는 소름 끼칠 정도로 정교하고 한 치의 주저함 없이 제국의 제2인자를 처형하면서 자신의 권력을 강화했다.

중국의 고사성어 가운데 토사구팽(兎死狗烹)이라는 말이 있다. '토끼를 잡은 뒤에 필요 없어진 개는 삶아 먹는다'는 말이다. 필요할 때 요긴하게 써먹고 쓸모가 없어지면 가혹하게 버린다는 의미이다. 중국의 역사 속에서도 이러한 비슷한 예를 찾아볼 수 있다. 한(漢)나라를 세우는 과정에서 결정적인 역할을 수행했던 한신도 결국 자신의 주군인 유방(劉邦)으로부터 제거되는 운명을 겪었다. 동양이든 서양이든 사람의 본성과 권력의 본질은 보편적으로 통한다는 것을 알 수 있다.

충성스러운 장군 클레이토스의 최후

기원전 328년, 마라칸다에서 알렉산드로스가 측근을 죽이는 일이 또 일어났다. 알렉산드로스는 자신의 친구이면서 측근 장교 중 하나인 클레이토스도 죽였다. 이 사건은 알렉산드로스의 주변에 큰 충격을 안겨줬다. 클레이토스는 알렉산드로스의 측근 중에서도 최측근이었기 때문이다. 클레이토스는 마케도니아 귀족 도로피데스의 아들이며, 클레이토스의 누나인 라니케는 알렉산드로스의 유모이기도 했다. 그는 피부색이 검은 탓에, '검은 클레이토스'라는 별명을 가지고 있었는데, 근위대장으로서 알렉산드로스의 아버지 필리포스 2세를 섬기기도 한 충신이었다. 알렉산드로스는 오리엔트 원정의 첫 전투인 그라니코스 전투에서 자신의 목숨을 구해주기도 했던 그를 기병 친위대장에 임명했다.

알렉산드로스가 그토록 충성스러운 클레이토스를 죽인 데에는 이유가 있었다. 알렉산드로스가 페르시아풍의 궁중 의례를 도입하자 불만을 드러냈던 것이다. 술잔치에서 그는 왕과 오리엔트 통치 정책을 둘러싸고 논쟁을 벌이기도 했다. 클레이토스는 도발적인 언행으로 알렉산드로스를 자극했는데, 술에 취한 알렉산드로스가 그만 창을 던져 클레이토스의 심장을 뚫어버렸다. 하지만 취기가 깬 후 알렉산드로스는 자신이 저지른 일에 큰 충격을 받아 사흘 동안 방에 틀어박혀 통곡했다고 한다. 알렉산드로스의 이 통곡이 얼마나 진실한 것이었는지는 확인할 길이 없다. 하지만 이 사건으로 다수의 마케도니아 출신 신하들이 알렉산드로스에게 인간적으로 실망했을 것은 분명하다.

이 두 사건은 알렉산드로스에게 큰 의미를 가진다. 이것이 우발적인 것인지 아니면 계획에 의한 것인지는 알 길이 없다. 역사가 플루타르코스는 알렉산드로스의 성격이 평소 매우 급하고 충동적이며 사나웠다고 묘사한다. 하지만 알렉산드로스는 전쟁터에서는 언제나 침착하고 명철하게 생각했고, 감정에 좌우되지 않았다. 일부 역사가들은 이 두 사건이 알렉산드로스의 철저한 계산 속에 진행된 정치 행위였다고 본다. 즉, 파르메니온이 2인 자의 자리에 오르자 알렉산드로스가 그를 견제할 필요가 있다고 생각해서 처형했다는 것이다. 알렉산드로스는 더 이상 '망치와 모루' 전술이 필요하지 않다는 판단 아래 파르메니온을 제거했을 가능성이 높다.

클레이토스 장군도 알렉산드로스의 오리엔트 통치에 걸림돌이 됐다. 그는 알렉산드로스가 페르시아풍의 통치 방식을 취하는 데 비판적인 입장을 취하고 있었다. 만약 공공연히 불만을 토로하는 클레이토스를 방치했을 경우, 알렉산드로스의 지도력은 큰 타격을 입을 수 있었을 뿐 아니라 마케도니아 출신의 장군들이 동요할 수도 있었다. 다시 말해, 알렉산드로스에게 클레이토스는 정치적으로 반드시 제거해야 할 대상이었던 것이다. 알렉산드로스가 취기에 클레이토스를 죽인 것은 그의 냉정한 처분을 인간적인 면모로 포장해주는 일종의 연출이 아니었을까? 인도로 원정을 떠나고자 했던 알렉산드로스는 이 사건들을 통해 부하들의 불만을 일시적으로 잠재웠을 것이다.

이것이 정치적 계산에서 나온 행동이 맞다면, 알렉산드로스의 됨됨이에 대해서 로마의 정치가 키케로가 내린 평가는 상당히 정당해 보인다. 키케로는 필리포스와 알렉산드로스를 다음과 같이 비교했다.

"마케도니아의 왕 필리포스는 사실 업적과 명성에서는 모두 아들 알렉산드로스 대왕에 미치지 못했지만, 친절과 인간성이라는 면에서는 더 낫다고 생각한다. 필리포스 왕은 항상 위대했지만 알렉산드로스 왕은 가끔 매우 추한 모습을 드러내기도 했다."

키케로는 마흔일곱 살까지 살았던 필리포스와 서른세 살까지 살았던 알렉산드로스를 비교하면서, 알렉산드로스가 남겼던 인간적인 흠결에 주목했던 것으로 보인다. 하지만 필리포스는 알렉산드로스만큼 광대한 영토를 다스린 적이 없었기 때문에 정당한 비교라고 볼 수는 없다. 젊은 시절 군대를 이끌고 미지의 땅을 탐험했던 알렉산드로스가 느낀 부담감과 스트레스를 고려한다면, 알렉산드로스를 더 이해해주어야 하지 않을까 싶다.

인도 원정을 떠나다

인도 원정을 떠나기 전, 알렉산드로스의 심정은 복잡했다. 앞서 언급했듯이 알렉산드로스에게 항복했던 호족 두 명이 연달아 반란을 일으켰기 때문이다. 스피타메네스가 암살당한 뒤, 옥시아르테스가 반기를 들었다. 하지만 그는 알렉산드로스의 군대를 당해낼 수 없다는 것을 알았기 때문에 곧 항복을 택했다.

그러자 옥시아르테스에게는 큰 행운이 따랐다. 알렉산드로스가 자신의 딸 록사나에게 홀딱 반해버렸던 것이다. 기원전 327년, 알렉산드로스는 자신보다 약 열다섯 살 연하였던 10대 소녀와 성대한 결혼식을 올렸다. 얼떨결에 왕의 장인이 된 그는 박트리아 동부 지역을 담당하는 총독으로 임명되어 평안하게 노후를 누렸다. 알렉산드로스는 기나긴 원정 끝에 록사나를 만나 달콤한 사랑에 빠졌다. 그녀는 앞으로 펼쳐질 험난한 인도 원정 길에서 알렉산드로스에게 큰 힘이 되었을 것이다.

기원전 327년 초여름, 알렉산드로스는 군대를 정비하여 박트리아를 떠났다. 역사가 플루타르코스는 이 원정군의 규모가 12만 명에 달한다고 적어놓았다. 하지만 이 수가 사실이라 하더라도 거기에는 온갖 종류의 보조 인력이 포함됐을 것이다. 실제로 전투에 참여하는 병력은 아마도 3~4만 명가량에 지나지 않았을 것이다. 하지만 알렉산드로스가 효과적으로 병력을 운용하기 때문에 이 수는 결코 적은 것이 아니었다.

알렉산드로스의 군대는 바미안과 고르반트 계곡을 지나 힌두쿠시산맥을 넘는 강행군을 이어갔다. 오늘날 아프가니스탄과 파키스탄의 국경지역에 우뚝 솟아 있는 이 산맥은 해발고도 7,000미터가 넘는 높은 봉우리들을 자랑하고 있다. 산악 부족의 족장들은 알렉산드로스의 군대를 문전박대했다. 이들은 험준한 산악 지형에 의지해 난공불락의 요새를 방어하기로 결정했다. 기원전 327년에서 기원전 326년으로 넘어가는 겨울에 알렉산드로스는 이 지역 곳곳에 살고 있던 여러 부족을 상대로 벌인 전쟁을 직접 지휘했다. 치열한 전투 중에 알렉산드로스는 어깨에 부상을 입기도 했지만, 마사가 요새를 탈환한 것은 큰 승리였다.

1세기경에 활동했던 로마의 역사가 쿠르티우스에 따르면 알렉산드로스는 마사가의 사람들을 전부 죽이고 건물을 파괴했다. 비슷한 학살이 오르아에서도 자행됐고, 그 여파로 많은 부족민이 아오르노스(Aornos: 오늘날 파키스탄의 산악 지대) 요새로 도망갔다. 하지만 며칠 간의 전쟁 끝에 바로 뒤따르던 알렉산드로스의 군대가 언덕 위에 높이 솟은 이 요새마저 점령했다. 수년간 단련된 알렉산드로스의 군대가 보여준 탁월한 공성술의 결과였다.

탁실라 왕국을 점령하다

기원전 326년 봄, 알렉산드로스는 오힌드의 밀림 지역을 뚫고 지나갔다. 그리고 인더스강을 건너 히다스페스강 쪽으로 행군을 계속했다. 알렉산드로스는 곧장 탁실라 왕국으로 향했다. 지리적으로 탁실라는 박트리아와 실크로드를 연결하는 주요 교통로에 위치해 무역을 통해 경제적인 이익을 누리고 있었다.

오늘날 펀자브의 포토하르 고원 주변에 웅거했던 탁실라 왕국을 다스린 인물은 암비 왕이었다. 고대 역사가들은 그의 이름을 탁실레스라고 기록했는데, 이는 탁실라라는 왕국의 이름에서 나온 것이지 원래 통치자의 이름은 아니다. 또 다른 역사가는 암비라는 이름을 그리스식 발음으로 옴피스라고 부르기도 했다.

알렉산드로스에게는 운이 따랐다. 암비 왕은 알렉산드로스가 온다는 소식을 듣고 막대한 선물을 보내 항복의 뜻을 전했다. 사료에 따르면 무려 200달란트의 은과 3,000마리의 살찐 소, 1만 마리의 양, 30마리의 코끼리, 그리고 700명의 마부를 바쳤다고 한다. 알렉산드로스군에게 암비 왕의 항복과 이 선물들은 거친 산악 원정 끝에 얻은 달콤한 격려가 되었을 것이다.

탁실라 왕국의 암비 왕은 더 나아가 알렉산드로스의 행군을 적극적으로 도왔다. 탁실라 왕국이 히다스페스강(오늘날의 제룸강) 동쪽 편을 다스리고 있던 파우라바 왕국과 그리 사이가 좋지 않았기 때문이다. 암비 왕은 5,000명의 병사들을 직접 이끌고 알렉산드로스 군대와 함께 다음 전쟁터로 이동했다.

히다스페스 전투가 벌어지다

기원전 326년 6월, 알렉산드로스는 드디어 평야 지대에 다다랐다. 파우라바 왕국의 땅이었다. 이 왕국을 다스리던 포로스 왕은 히다스페스강에서 알렉산드로스의 군대를 기다리고 있었다. 수많은 전투에서 이겨온 알렉산드로스에게도 이 전투는 만만치 않았다. 적들이 전투용 코끼리를 많이 보유하고 있었기 때문이다. 마케도니아와 그리스에서 온 노련한 장군과 병사뿐 아니라 수천 마리의 말에게도 육중한 코끼리는 공포의 대상이었다.

히다스페스강은 건너기가 만만치 않았다. 강폭이 무려 800미터나 되었으며, 비가 오면 범람했기 때문에 걸어서는 강을 건널 수 없었다. 항전을 결심하고 있는 적군이 뻔히 보고 있는 가운데 대규모 부대가 강을 건넌다는 것은 불가능에 가까웠다. 알렉산드로스는 고도의 심리전을 폈다. 적들의 경계를 없애기 위해서 수시로 나팔을 불고 함성을 지르는 방법을 취했다. 정말로 약 두 달이 지나자 적들의 경계가 느슨해졌다.

어느 날 밤 알렉산드로스의 정찰대는 부대를 둘로 나누어 약 25킬로미터 상류의 한 지점에서 강을 건넜다. 그곳에는 작은 섬 두 개가 있어서 강을 건너는 일이 상대적으로 쉬웠다. 은밀하게 강을 건넌 알렉산드로스의 주력 부대는 이제 포로스의 군대를 직면하게 됐다. 전투는 현재의 펀자브 서쪽의 히다스페스강 동쪽 강변에서 일어났다.

알렉산드로스는 중기병의 선두에 나서서 적의 배치를 정찰하기 시작했다. 강을 건넜을 당시 알렉산드로스가 직접 지휘했던 기병이 5,000명, 보병 6,000명이었다는 아리아노스의 기록이 있다. 그러나 사료마다 전체 병력에 대한 기록이 달라서 정확한 수치를 파악하기는 어렵다. 전체 병력의 규모는 대략 비슷하거나 알렉산드로스 측이 좀 더 많았다고 추정된다. 포로스의 군대 전면에는 전투용 코끼리가 위풍당당하게 배치되어 있었다.

전투가 시작되자 알렉산드로스는 중기병 대장 코에누스에게 인도군의 오른쪽 날개와 배후를 공격하라는 임무를 주었다. 알렉산드로스가 이끄는 팔랑크스는 포로스의 왼쪽 날개 쪽을 향해 빠른 속도로 진격했다. 마침 코에누스 장군은 몰래 적진의 오른쪽 날개 배후로 접근하여 적에게 큰 피해를 입혔다. 포로스의 군대는 양 측면에서 공격을 받자 크게 동요되었다.

위기에 처한 포로스의 군대는 비장의 무기로 아껴온 코끼리 부대를 투입했다. 하지만 알렉산드로스군과 싸우다가 부상당한 코끼리들이 오히려 포로스의 진지로 달려오는 바람에 포로스의 병사들이 코끼리에 짓밟혀 죽는 참사가 이어졌다. 기세를 몰아

- **히다스페스 전투의 한 장면**
  알렉산드로스가 이끄는 팔랑크스 부대가 히다스페스에서 코끼리로 무장한 적군의 본진을 돌파하는 모습을 그린 앙드레 캐스테뉴의 작품이다.

알렉산드로스의 군대가 포로스의 군대를 공격하니 전쟁터는 아비규환이 되었다. 불과 일곱 시간의 격렬한 전투 끝에 포로스의 군대는 궤멸되고 말았다. 알렉산드로스군이 패퇴하는 적을 추격하자 포로스 군대의 피해는 더욱 커졌다.

결국 포로스는 포로의 신세로 알렉산드로스 앞에 끌려왔다. 알렉산드로스는 적장 포로스와 몇 마디 대화를 나누다가 포로스의 용맹함과 의연함에 감명을 받았다. 포로스와 알렉산드로스의

제2장 오리엔트 세계를 정복한 알렉산드로스 대왕

일화에서 포로스는 패배한 후 알렉산드로스 앞에 붙잡혀왔는데, 아홉 군데의 상처에서 피가 흘러내림에도 불구하고 당당히 행동했다고 한다. 알렉산드로스가 포로스에게 무엇을 원하냐고 물었다. 포로스의 대답은 분명하고 명쾌했다.

"나를 왕으로 대우해달라."

너무 짧은 대답에 당황한 알렉산드로스는 혹시 다른 것을 또 원하지 않느냐고 되물었다. 그러자 포로스는 이렇게 답했다.

"이 요청 하나에 모든 것이 포함되어 있다!"

어떤 군주는 이러한 적장의 태도가 오만하다고 느꼈을 수도 있다. 하지만 역시 고수끼리는 금세 대화가 통했던 것일까? 용맹과 명예를 추구했던 알렉산드로스에게는 적장의 당당한 태도가 마음에 들었던 모양이다. 알렉산드로스는 포로스에게 경의를 품고 원래의 지역보다도 더 많은 영토를 주며 왕으로 통치하게 했다. 그리고 병사들에게는 포로스의 땅에서 약탈을 금지시켰다.

알렉산드로스는 그리스인 가운데서 포로스의 통치를 도울 사람을 뽑았다. 또한 히다스페스강 반대편에 두 도시를 찾아 도시 이름을 붙여줬다. 우선 유년기부터 함께해온 자신의 명마 부케팔로스가 죽은 곳을 찾아 죽음을 애석하게 여기며, 그 도시를 '알렉산드리아부케팔라'라고 불렀다. 그리고 다른 한 도시는 승리를 기념하여 '알렉산드리아니케아'라고 불렀다. 애석하게도 이 두 도시가 어디인지는 정확하게 알려져 있지 않다. 기나긴 세월 동안 지형이 변화되었기 때문에 고대 전투의 격전지를 발견하는 것은 지금도 어려운 과제이다.

알렉산드로스, 말머리를 되돌리다

알렉산드로스는 계속 진격하기를 갈망했고, 이 히다스페스 전투가 그에게 최후의 전투가 될 줄은 몰랐다. 물론 그 후에도 작은 격전이 있었지만, 역사에 기록될 만한 영웅적인 전투는 히다

• **파우라바 왕국의 포로스 왕과 마주한 알렉산드로스 대왕**
히다스페스 전투에서 포로스 왕은 대규모의 코끼리 부대를 이끌고 싸웠지만, 알렉산드로스 대왕에게 패배했다. 알렉산드로스는 포로로 잡혀온 다음에도 당당했던 포로스 왕에게 경의를 표했다고 한다. 흰 깃털이 달린 황금 투구를 쓴 인물이 알렉산드로스이다. 프랑스 화가 르 브룅의 1673년 작품이다.

스페스 전투가 마지막이었다. 이제 알렉산드로스에게는 적수가 없었다. 그러나 알렉산드로스를 가로막은 것은 적군이 아니라 아군이었다. 인더스강의 지류인 히파시스강(지금의 인도 펀자브 지역에 있는 베아스강)까지 나아갔을 때, 그의 군대는 멈춰 섰다. 처음 있는 항명이었다. 알렉산드로스의 군대는 더 이상 미지의 세계를 향해 행군하지 않겠다고 분명한 입장을 밝혔다. 알렉산드로스는 히파시스강 너머에 어떠한 세상이 있다고 생각했을까? 갠지스강이 있다는 것을 알고 있었을까? 과연 어디까지 가보고 싶었던 것일까? 이 시점에서도 알렉산드로스는 다만 열대 밀림 속 미지의 세계를 탐험하고자 하는 열망에 사로잡혔을 것이다.

알렉산드로스는 휘하의 장군들을 모아 더 동쪽으로 진격하자고 설득했다. 하지만 크라테로스 장군이 더 이상의 진군은 어렵다는 의견을 내놓았다. 크라테로스는 알렉산드로스와 어린 시절부터 사냥과 훈련을 함께 해왔던 친한 동료이자 유능한 가신이었기 때문에 그의 조언에는 큰 무게감이 있었다.

알렉산드로스의 측근 중에서도 가장 신뢰가 두터운 사람이었던 코이노스 장군 역시 더 이상의 진격은 무리라고 주장했다. 그는 보병 지휘관으로서 그라니코스강 전투·이소스 전투·가우가멜라 전투 등 주요 전투에서 중요한 역할을 맡은 장군이었다. 오래 지속된 원정에서 피폐해진 군이 더 이상 진군을 거부하며 더 나아가려고 하지 않자, 코이노스는 병사들의 목소리를 알렉산드로스에게 전했다. 그는 병사들이 가족과 고향을 보길 원한다며 알렉산드로스를 설득했다.

병사들은 이미 심신이 지칠 대로 지쳐 있었다. 아무리 뛰어난 장수라도 병사들이 없으면 싸울 수 없는 노릇이었다. 알렉산드로스는 크라테로스의 의견에 마침내 동의하고 남쪽으로 말머리를 돌려 인더스강으로 향했다. '세계의 끝'을 보겠다는 열망으로 기원전 326년 인도로 진격했던 그였지만, 결국 그 끝을 보지는 못했다. 아무리 알렉산드로스 대왕이라 할지라도 전투에 지친

• **사자를 사냥하는 알렉산드로스를 그린 모자이크화**
알렉산드로스의 고향 펠라에서 기원전 320년경 만들어진 것으로 추정되는 이 모자이크화는 알렉산드로스(왼쪽)가 그의 절친한 동료이자 가신(家臣)인 크라테로스 장군(오른쪽)과 함께 사자를 사냥하는 모습을 담고 있다. 현재 그리스의 펠라 고고학박물관에 소장되어 있다.

병사들의 반발을 끝내 설득할 수는 없었던 것이다.

기원전 325년, 히파시스강변에서 그는 올림포스의 열두 신에게 바치는 열두 개의 제단을 세웠다. 그리고 자신의 병사들에게 800~1,000척가량의 함선을 만들도록 지시했다. 이어서 절반의 병력은 배에 싣고 나머지 절반은 양쪽 강둑을 따라 3개 대열로 인더스강까지 행군하도록 했다. 함대의 지휘는 네아르코스가 맡았다. 하지만 어느 누구도 알렉산드로스의 군대가 회군하는 길에 수많은 고난이 기다리고 있다는 것을 알지 못했다.

알렉산드로스는 게드로시아 지역을 지날 때 무수한 재난을 겪으며 크고 작은 부상을 입었다. 오늘날 발루치스탄이라고 불리는 이 지역은 건조하기로 유명했다. 특히 사막지대를 지나며 알렉산드로스의 군대는 극도의 고통을 당했다. 수많은 병사들이 와디(사막 지대의 물이 흐르지 않는 강)에 진지를 치고 있다가 우기 중에 갑자기 밀려온 홍수에 쓸려 죽는 사고도 있었다. 식량이나 물자가 부족해서 죽은 병사들도 부지기수였다.

이와 같이 인더스강 유역에서 승리에 도취됐던 수많은 병사들이 허망하게도 귀환 길에 목숨을 잃고 말았다. 이렇게 고생을 한 알렉산드로스의 군대는 그해 12월 마침내 카르마니아 지역(오늘날의 이란 남부 지역)에서 네아르코스의 함대와 다시 합류했다. 결국 알렉산드로스의 군대는 지친 몸을 이끌고 기원전 324년, 페르시아 제국의 수도였던 수사로 개선했다. 이때 알렉산드로스의 나이 서른두 살이었다.

한편, 알렉산드로스의 회군으로 득을 본 사람도 있었다. 바로 마우리아 왕조를 창건한 찬드라굽타 마우리아(재위: 기원전 320~기원전 298)였다. 알렉산드로스가 인도 북서부 지역의 군대를 무너뜨린 뒤로 이 지역에는 일종의 정치적 공백 상태가 찾아왔다. 이 기회를 놓치지 않고 세력을 키운 찬드라굽타 왕은 불과 10여 년 사이에 인더스 강 유역과 펀자브 일대 등 인도 북부 지역의 지배자로 성장했다. 그 후 찬드라굽타의 계승자들이 인도 남부 지역으로 진출함으로써 그는 인도 최초의 통일 왕조를 개창한 시조(始祖)로 불리는 영예를 안게 되었다.

통치를 위해 과감한 개혁을 택하다

알렉산드로스는 부패한 상층 관리들을 교체하고 태만한 총독을 처단하는 정치 개혁을 추진했다. 그의 개혁은 속도감이 있을 뿐 아니라 과격하기도 했다. 기원전 326년과 기원전 324년 사이에 총독의 3분의 1 이상을 교체했던 것이다. 이 과정에서 페르시아인 총독들 여섯 명이 처형되었다. 메디아 출신 장군들 세 명은 범죄 행위가 발각되어 재판을 받고 처형되었다.

한편, 알렉산드로스의 회군을 종용했던 두 장군은 뜻밖에도 불행한 죽음을 당하고 말았다. 코이노스 장군은 알렉산드로스가 회군을 시작한 지 며칠 만에 병에 걸려 죽었고, 크라테로스 장군은 기원전 321년에 헬레스폰토스해협 인근에서 전투를 치르다가 말에서 떨어지는 바람에 말발굽에 짓밟혀 사망했다.

알렉산드로스는 자기 휘하의 총독과 장군에 대해 엄격한 태도를 취했다. 자신이 인도 원정을 떠나 있는 동안, 부정부패 또는 반역 행위를 한 자를 숙청하는 일은 통치를 위해 필요한 일이었을 것이다. 하지만 알렉산드로스가 충동에 의해서 이러한 조치를 취한 것은 아닌 것 같다. 아마도 전쟁을 마친 후, 내부에 분란이 생기거나 자신의 리더십이 흔들리는 일을 막기 위해서 이러한 숙청을 실시했을 가능성이 높다. 그가 수사로 돌아왔을 때, 막대한 물적·인적 자원을 투자한 인도 원정에 대한 불만의 목소리가 나올 수 있었기 때문이다. 알렉산드로스의 과감한 숙청 때문에 그런 의혹을 제기하는 신하는 찾아볼 수 없었다.

플럽러닝

알렉산드로스가 찾아갔던
페르시아 키루스 2세의 묘소

키루스 2세(재위: 기원전 559~기원전 529)는 아케메네스조 페르시아의
시조로 알려진 인물이다. 그는 29년의 통치기 동안 수많은 정복
사업을 펼쳐서 페르시아를 강대국으로 이끌었다. 그의 통치기에
페르시아는 서남아시아와 중앙아시아의 대부분을 정복하고 인
도까지 이르는 대제국으로 성장했다. 이 과정에서 메디아·신(新)
바빌로니아·리디아와 같은 여러 나라가 멸망했다.

　『구약성경』에도 이 인물의 이름이 등장하는데, 히브리어식 발
음으로 '고레스 왕'이라고 표현되어 있다. 그는 바빌론에 포로로
끌려갔던 유대인을 해방시키고 예루살렘으로 돌아가 성전을 세
울 수 있도록 허용한 군주였다. 키루스 2세는 용맹하고 지혜롭고
탁월한 지도력을 갖추었을 뿐 아니라 관대함과 인자함까지 갖추
어서 여러 역사가로부터 칭송을 받았다.

키루스 2세는 허허벌판에 서 있는 석조 무덤에 묻힌 것으로도 유명하다. 이 무덤의 전체 높이는 무려 11미터에 달한다. 6층의 기단 위에 직사각형 모양의 석실이 세워져 있는데, 그 길이가 3.17미터, 폭이 2.11미터, 높이가 2.11미터이고, 가운데 길고 좁은 입구가 있다.

이 무덤은 오늘날 이란의 파르스 주 파사르가다에 위치해 있다. 이 도시는 키루스가 건설하도록 명한 첫 번째 수도였다. 하지만 키루스는 도시가 완성되는 모습을 보지 못하고 기원전 530년 동방 원정 도중 사망했다. 꿈을 다 이루지 못하고 죽은 그의 무덤은 바로 이 도시에 세워졌다. 하지만 파사르가다에의 위상은 이제 더 낮아지는 일만 남았다. 페르시아 제국의 제3대 군주가 된 다리우스 1세가 웅장하고 화려한 도시 페르세폴리스를 건설하도록 지시했기 때문이다.

그런데 약 200년 후, 마케도니아로부터 이곳까지 찾아온 인물이 있으니 바로 알렉산드로스였다. 역사가들은 이 흥미로운 만남을 극적인 이야기로 기록했다. 알렉산드로스는 페르시아를 정복한 후, 페르세폴리스가 불타는 모습을 보고 이곳을 방문했다.

알렉산드로스는 자신의 부하들을 시켜 이 무덤에 들어가게 했다. 전하는 이야기에 따르면 무덤 안에는 황금으로 된 관과 잔,

• 키루스 대왕의 무덤 앞에 선 알렉산드로스 대왕
알렉산드로스 대왕이 페르시아 키루스 대왕의 무덤 앞에 당도한 모습을 상상하여 그렸다. 프랑스 화가 피에르 앙리 드 발랑시엔의 1796년 작품이다.

침대 등 각종 부장품과 보석이 있었다고 한다. 그리고 무덤 안에는 '나는 아케메니드 키루스 대왕이다'라는 문장이 석각으로 새겨져 있었다고 전한다. 하지만 이러한 부장품과 돌에 새겨진 글씨는 오늘날 흔적조차 찾을 수 없다.

알렉산드로스는 키루스 2세의 무덤 앞에서 어떠한 생각에 잠겼을까? 그리스 역사가들에 따르면 그 당시 무덤 앞에는 이러한 내용의 글귀가 적혀 있었다고 한다.

"나 키루스는 한때 세계를 지배했다. 하지만 언젠가는 이 땅도 다른 정복자에 의해 빼앗길 것을 알고 있다. 정복자여, 그대도 언젠가는 다른 누군가에 의해 정복당할 것이다. 그러니 내 무덤을 건드리지 말아다오."

알렉산드로스 대왕은 이 비문을 읽고 말에서 내린 다음 자신이 입고 있던 왕복을 벗어 키루스 대왕의 무덤에 덮어주었다고 한다. 페르시아 제국을 멸망시킨 알렉산드로스였지만, 키루스 2세가 남긴 업적과 그가 보여준 기개를 흠모했던 모양이다.

이 무덤 주변에는 키루스 2세가 세우도록 명한 궁전과 신전 등 유적지가 남아 있어 페르시아 제국이 누렸던 옛 영광의 흔적을 보여준다. 키루스 2세의 무덤과 페르시아의 고대 유적지가 남아 있는 파사르가다에는 현재 유네스코 세계문화유산으로 지정되어 있다.

세계사 바칼로레아

세계 여러 인물들의 무덤

살다보면 우리는 여러 무덤을 찾아가게 된다. 친척들의 무덤 앞에서 슬픔을 달래기도 하고, 친구나 가까운 이웃의 무덤 앞에서 옛 기억을 떠올리기도 한다.

　역사상 유명한 인물들은 크고 웅장한 무덤으로 자신의 흔적을 남겼다. 중국 시안에는 진 시황의 무덤이 있고, 이탈리아 로마에는 아우구스투스의 무덤이 있다. 인도 북부에 있는 타지마할은 샤 자한이 아내의 죽음을 안타까워하며 지은 무덤이다. 잘 알려진 대로, 이집트의 피라미드는 이집트의 통치자 파라오의 무덤이다.

　한편 여러 무덤이 한곳에 모여 있는 경우도 많다. 우리나라의 경주에는 신라 시대 왕들의 무덤이 운집해 있다. 프랑스 파리의 페르 라셰즈(Père Lachaise) 묘지에는 유명한 예술가의 무덤이 촘촘

· 키루스 황제의 무덤
아케메네스조 페르시아를 세운 키루스 2세의 무덤으로 추정되는 묘소이다. 오늘날 이란의 파르스 주 파사르가다에의 벌판에 위치해 있다.

히 모여 있다. 그곳에서 발자크·쇼팽·에디트 피아프·들라크루아·오스카 와일드·짐 모리슨·이브 몽탕 등 여러 인물의 무덤을 찾아볼 수 있다.

지금까지 살아오면서 누구의 무덤 앞에 가보았는지 떠올려보자. 가장 인상이 깊었던 무덤은 무엇이었는가? 그 이유는 무엇인가?

오리엔트 일대를 정복한 알렉산드로스 대왕은 자신의 이름을 딴 도시 수십 곳을 건설했다. 이후 그는 동서 문화를 융합하기 위해 힘썼다. 알렉산드로스는 본인 스스로 페르시아의 공주와 결혼을 하는 모범을 보였다. 그러자 휘하 장군과 병사들도 페르시아 여인과 결혼을 했다. 알렉산드로스는 더 이상 마케도니아의 왕이 아니었다. 단순히 그리스 세계의 통치자도 아니었다. 이제 그는 아시아·유럽·아프리카 세 대륙을 잇는 새로운 거대 제국, 즉 헬레니즘 제국의 지배자로 우뚝 섰다. '세계의 끝'까지 정복하고자 했던 알렉산드로스 대왕의 꿈은 곧 성취될 것같이 보였다. 하지만 그는 기원전 323년에 허망하게 죽고 말았다. 이제 알렉산드로스의 꿈은 남겨진 장군들, 즉 '디아도코이'의 손에 쥐어졌다.

제3장

헬레니즘 제국의 시대

01

'헬레니즘'의 시대가 오다

알렉산드로스는 고대 그리스 세계와 중동, 서남아시아의 문화를 융합하고자 시도했다. 그를 따르던 마케도니아 장군들은 반대했지만, 알렉산드로스는 서로 다른 두 문명이 하나가 되기를 꾀했다. 그 결과, 동양과 서양의 문화가 융합된 독특한 '헬레니즘' 문화가 제국 전역에 나타났다.

헬레니즘 시대는 고전(古典) 그리스의 뒤를 잇는 시대를 규정하는 하나의 개념으로, 흔히 알렉산드로스가 사망한 이후부터 로마가 그리스를 최종적으로 정복한 시기까지의 시대를 가리킨다. 즉, 알렉산드로스의 오리엔트 원정으로 동서양의 문화가 융합된 새로운 문명의 시대를 일컫는 이름이다.

이런 융합이 과연 서민의 생활에도 영향을 미쳤는가에 대해서는 논쟁의 여지가 많다. 문화의 교류는 아마도 대도시에서 생활하는 사회 상류층에서만 찾아볼 수 있지 않는가 하는 반론도 만만치 않다. 당시 헬레니즘 제국의 통치 아래 살았던 사람들 대다수는 이전과 다를 바 없는 생활을 누렸을 것으로 보인다.

물론 헬레니즘 시대 이전에도 그리스인은 해외 식민지를 건설했다. 기원전 8세기~기원전 6세기 무렵, 인구 과밀에 시달렸던 그리스의 폴리스들은 지중해 연안의 각 도시에 식민시(市)를 건설해 인구를 분산시켰다. 그즈음 그리스인은 아시아와 아프리카 각지에 그리스식 폴리스를 건설했다. 이 도시에 정착한 사람들은 주로 그리스의 모도시(母都市)에서부터 이민을 간 사람들이었다.

하지만 헬레니즘 시대에 새로 세워진 도시들은 이전의 식민시와는 성격이 달랐다. 이 도시는 특정한 폴리스 출신이 아니라 그리스 세계의 여러 지역에서 온 사람들로 붐볐다. 여러 민족과 문화가 어우러지는 새로운 종류의 도시가 생겨난 것이다. 이제 문화의 중심지는 그리스 본토에 국한되지 않았다. 페르가몬·로도스, 그 밖에 셀레우케이아·안티오케이아·알렉산드리아 등 새로운 도시에서 새로운 문화가 꽃을 피웠다.

그리스어 사용자들이 도시에 유입되면서 의사소통을 하기 위해 언어를 통일하는 일이 필요했다. 그 당시 일반적으로 가장 많이 사용되었던 그리스어는 아테네 일대에서 사용된 아티카 방언이었다. 아티카 지역에서 주로 사용하던 코이네 그리스어는 헬레니즘 시대 여러 도시에서 공용어(lingua franca)로 사용되었다.

'헬레니즘'이라는 용어는 어디에서 유래되었나

그렇다면 '헬레니즘'이란 용어는 어디에서 온 말일까? 본래 '헬렌'이라는 단어는 그리스어로 원래 고대 그리스인 자신을 나타내던 헬레네스(Hellenes)에서 유래했다. 고대 그리스인은 같은 언어를 사용하는 자신들을 그리스 신화에 등장하는 왕, 헬렌의 후손이라는 의미에서 헬레네스라고 불렀다. 반면 자신들이 알아들을 수 없는 말을 하는 이민족을 그리스어로 '바르바로이'(barbaroi)라고 불렀다. 이 단어는 오늘날 야만인을 뜻하는 영어 단어 바바리안(barbarian)의 어원이 되기도 했다.

'헬레네스'에서 착안하여 만들어진 '헬레니즘'이라는 단어는 역사가 드로이젠이 만들어낸 개념이다. 19세기에 활동한 드로이젠은 관념론적 역사 인식을 체계화하고 해석학의 기초를 마련한 독일의 역사가였다. 그는 베를린대에서 당대 최고의 학자였던 헤겔과 랑케로부터 철학과 역사를 배웠고, 킬(Kiel)대·예나대 등 여러 곳에서 교수로 재직했으며, 베를린 왕립 아카데미 회원으로 활동하기도 했다. 드로이젠이 1836년에 내놓은 명저 『헬레니즘의 역사(Geschichte des Hellenismus)』는 큰 인기를 끌었다. 이 한 권의 책은 스물여덟 살에 불과한 젊은 학자를 순식간에 유명하게 만들었다.

책의 제목에는 그가 창안한 단어, 헬레니즘(독일어로는 '헬레니즈무스Hellenismus')이 들어 있다. 드로이젠은 이 용어를 통해 기원전 4세기에 알렉산드로스가 정복한 오리엔트 지역에 그리스 문화가 확산되는 현상을 설명했다. 그는 고전 그리스 문화를 동경하던 알렉산드로스가 오리엔트 지역에 그리스 문화를 전파함으로써 그리스 정신과 오리엔트 정신이 융합된 범세계 문화를 헬레니즘 문화라고 불렀다.

이어서 1843년에 드로이젠은 『알렉산드로스 대왕의 역사』라는 저서를 또 출판했다. 이 책을 통해 헬레니즘이라는 역사 용어를 대중화시켜 현대인들이 '헬레니즘'을 재발견하는 데 결정적인 공헌을 했다.

드로이젠이 이 용어를 사용하는 것에 대해서 학계의 논란도 있었다. 어떤 학자들은 헬레니즘 시대에 그리스 문화가 널리 확산된 것이 아니라 거꾸로 오리엔트 문화 때문에 순수한 그리스 문화가 퇴폐했다고 보았기 때문이다. 하지만 만약 드로이젠이 창안한 '헬레니즘'이라는 용어가 없다면, 우리는 알렉산드로스가 남긴 문화 유산, 즉 그리스 문화와 오리엔트 문화의 상호 교류와 융합이라는 새로운 현상을 어떻게 일컬을 수 있을까? 오늘날 '헬레니즘'이라는 개념이 이 시기를 표현하는 데 현재까지 가장 유용하다는 의견에 반대할 사람은 거의 없을 것이다.

그렇다고 해서 헬레니즘 시대에 그리스 문화와 오리엔트 문화가 대등한 위치에서 융합되지는 않았을 것이다. 드로이젠의 정의대로 헬레니즘 문화의 핵심은 본질적으로 그리스인의 것이었다. 드로이젠의 주장에 따르면 헬레니즘 시대에는 오리엔트 지역이 헬레니즘화(Hellenization)되었다. 물론 반대로 오리엔트 문화가 그리스인에게도 영향을 주었을 것이다. 하지만 그 범위와 정도가 어느 정도였는지 정확히 파악하기는 어려운 일이다.

헬레니즘 시대의 시작과 끝을 알아보자

헬레니즘 시대의 범위에 관해서는 학자마다 의견이 다르다. 어떤 학자는 이 시대가 끝나는 해를 기원전 146년으로 본다. 기원전 146년은 로마가 마케도니아 전역을 점령한 해이기 때문이다. 그 시작에 대해서도 알렉산드로스 대왕의 오리엔트 원정 출발(기원전 334)에 두는 설, 페르시아를 멸망시킨 해(기원전 330)에 두는 설, 대왕의 죽음(기원전 323)에 두는 설 등이 있다. 이 밖에 로마 제정기(帝政期)를 문화적으로는 헬레니즘 시대로 보는 학자도 있다.

그러나 일반적으로는 기원전 330년 알렉산드로스의 페르시아 제국 정복 이후부터 기원전 30년 로마가 이집트를 병합하기까지의 약 300년 동안을 헬레니즘 시대로 보는 것이 일반적이다.

한편, 헬레니즘 제국의 지역적인 범위에 대해서는 이견이 거의 없다. 마케도니아·그리스에서부터 대왕의 정복지 전역(소아시아·이집트·메소포타미아·박트리아·인더스강 유역)까지가 헬레니즘 제국의 영토였다.

헬레니즘의 시기와 범위를 어떻게 정하든 간에, 이 시기 동안 고대 세계에서 그리스 문화의 영향력이 절정에 달했다는 사실은 부정할 수 없다. 이후 로마가 그리스의 정복지를 지배하게 되면서 헬레니즘 시대는 끝이 났다.

그러나 로마 시대에도 그리스 문화·예술·문학은 로마 사회에 스며들어, 로마의 지도층은 라틴어뿐 아니라 수준 높은 그리스

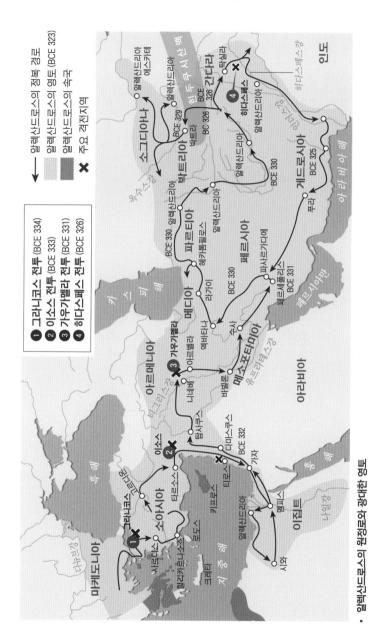

• 알렉산드로스의 원정로와 광대한 영토

알렉산드로스가 세운 제국의 영토는 마케도니아에서 시작하여 소아시아, 이집트 일대와 옛 페르시아 제국의 영토, 심지어 인더스강 유역까지 뻗어나갔다. 일찍
알렉산드로스는 곳곳에 알렉산드리아라는 도시를 건설하여 그리스 문명과 오리엔트 문명이 융합되는 헬레니즘 시대를 열었다.

범례

알렉산드로스의 정복 경로
알렉산드로스의 영토 (BCE 323)
알렉산드로스의 속국
✖ 주요 격전지역

1 그라니쿠스 전투 (BCE 334)
2 이소스 전투 (BCE 333)
3 가우가멜라 전투 (BCE 331)
4 히다스페스 전투 (BCE 326)

어를 구사했다. 그리스 문화와 언어가 그리스인 지배자들과 함께 새 제국 전역에 널리 퍼졌으며, 반대로 헬레니즘 왕국들은 각지 토착 문화의 영향을 받게 되어 필요나 편의에 따라 지역 관습을 받아들였다.

02

알렉산드로스가
동서 문화 교류 정책을 실시하다

알렉산드로스는 페르시아를 점령한 이후 적극적으로 동서 융합 정책을 꾀했다. 그는 우선 다수의 그리스 사람을 소아시아(현재의 아나톨리아반도 일대) 지역으로 이주시켰다. 그리고 그리스 사람과 피정복 지역의 주민을 결혼시켰고, 페르시아인 관리를 등용했다. 그 자신도 페르시아의 군주이자 적이었던 다리우스 3세의 딸과 결혼했으며, 페르시아 여성과 자신의 그리스 군인 사이의 결혼을 격려했다.

이집트에 세워진 대도시, 알렉산드리아

알렉산드로스는 정복지의 여러 곳에 알렉산드리아란 이름을 붙인 그리스식 도시를 건설했다. 한때 이 이름을 가진 도시의 수가 무려 70여 개에 이르렀다고 한다. 알렉산드로스의 이 일관된 정책은 헬레니즘 문화의 확산에 큰 역할을 했다. 같은 이름의 도시 가운데 가장 유명한 것은 이집트의 알렉산드리아였다.

이집트의 알렉산드리아는 이집트 북부, 나일강 삼각주(델타) 북서단에서 지중해를 바라보는 항구도시이다. 이곳에는 세계 7대 불가사의 중의 하나인 '알렉산드리아의 등대(파로스의 등대)'가 있었다. 알렉산드리아의 등대는 14세기에 지진으로 파괴될 때까지 알렉산드리아를 상징하는 건축물이었다. 또한 고대 세계에서 가장 큰 도서관인 '알렉산드리아 도서관'이 있었던 것으로 유명하다. 알렉산드리아 도서관은 무려 70만 권이 넘는 장서를 자랑했다. 만약 기원전 47년, 카이사르가 이곳을 공격하다가 도서관에 불을 붙이지 않았다면 이 고대의 지적 자산은 인류 사회에 더 큰 공헌을 했을지도 모른다.

알렉산드리아에는 철학자뿐 아니라 자연과학자들이 연구에 종사하도록 지원하는 기관인 박물관도 있었다. 알렉산드리아는 초기 기독교의 중심지로 아리우스, 아타나시우스 등 교회사에서 중요한 인물들이 이곳 출신이다. 기원후 70년에 예루살렘이 멸망한 이후에는 기독교의 중심지 가운데 하나로 중요한 역할을 담당했다.

알렉산드리아가 처음 세워진 시기는 정확하지 않지만 대략 기원전 331년으로 추정된다. 알렉산드로스 대왕은 자신의 이름을 붙인 도시를 세울 것을 계획하고, 유명한 건축가 데이노크레테스에게 도시를 건설하게 했다고 전해진다. 알렉산드로스 자신은 오리엔트 원정을 떠나야 했기 때문에 결국 이 도시의 완성을 보지는 못하고 죽었지만, 부하인 클레오메네스가 도시 건설을 계속했다.

알렉산드로스의 사후 그의 계승자 가운데 하나인 프톨레마이오스가 프톨레마이오스 왕조를 창건했을 때 수도로 삼은 곳도 바로 알렉산드리아였다. 이후 알렉산드리아는 헬레니즘 세계 최대의 도시로 성장했고 경제적·문화적 중심지가 되었다. 알렉산드리아의 인구는 50만 명을 넘었고, 한때는 100만 명에 달했다.

알렉산드리아는 그리스계의 자유도시로 존재했었으나, 기원전 80년 프톨레마이오스 10세 때 로마의 영향력 아래 들어갔다. 훗날 프톨레마이오스 왕조가 로마의 세력에 의해 멸망한 이후로 이집트는 로마 제국으로부터 직접적인 지배를 받았다.

그리스 문화의 전파와 새로 나타난 갈등

오리엔트 진출을 통해 거대한 영역을 차지한 알렉산드로스의 제국은 그리스식의 문화를 오리엔트에 이식하기 시작했다. 알렉산드로스의 군대 자체가 하나의 '문화 사절단' 역할을 했을 것이다. 그가 이끌고 다니던 군대에는 병사 외에도 문관·상인·환전상·신관·배우·악사·노예 등 다양한 부류의 사람들이 함께했다. 게다가 그의 군대는 마케도니아인과 그리스인 외에도 각 정복지 출신의 용병들까지 편입되어 있었다.

한편, 알렉산드로스의 오리엔트 원정은 기원전 4세기의 경제적 쇠퇴와 정치 혼란에 시달리던 그리스인에게 새로운 기회를 제공했다. 그들은 오리엔트 지역의 풍부한 물자와 경제적 풍요를 경험하며 새로운 도전을 시작할 수 있었다. 그리스인과 마케도니아인이 오리엔트 전역에 건설된 각 거점 도시로 이주하자 이 도시에 그리스 문화가 서서히 전파되었다. 그뿐 아니라 알렉산드로스가 그리스와 마케도니아에서 온 사람들에게 오리엔트 지역의 주민과 결혼하도록 적극적으로 장려했기 때문에 오리엔트 전역에 그리스 문화가 매우 빠른 속도로 전파되었다. 그리하여 아테네를 중심으로 한 아티카 지역의 방언, 즉 코이네 그리스어가 일부 오리엔트 지역의 공용어로 사용되기도 했다.

그러나 알렉산드로스의 통치 방식에는 모순이 있었다. 그는 동서 문화를 융합하고자 했지만, 정치체제에서는 그리스식 민주주의가 아닌 강력한 전제 군주제를 실시했다. 동서 문화의 융합을 위해서는 다수의 의견에 따르는 민주주의 제도가 아니라 강력한 리더십을 발휘하는 전제 군주제가 더 필요했던 것이다. 알렉산드로스가 구상했던 제국은 민주적이고 그리스적인 폴리스가 아니라 전제적이고 오리엔트적인 '신의 대리자'가 백성을 통치하는 세계 제국이었던 것이다.

따라서 알렉산드로스는 오리엔트의 원주민들을 그리스인과 동등하게 대우하지는 않았을 것이다. 그리스 시민이 민주정치를 할 수 있었던 것은 노예들이 생산을 담당했기 때문이다. 오리엔트로 이주한 그리스인도 같은 생각을 가지고 있었다. 이들은 노예들을 대규모 농업경영에 투입했다. 그리고 여기에서 나온 수익을 통해 경제력을 갖추고 지배층으로 군림했던 것이다.

한편, 알렉산드로스가 다스리는 영토 안에 살았던 시민 사이에는 갈등도 적지 않았다. 특히, 시리아의 주민은 과거 페르시아인이었기 때문에 그리스 문화에 적대적인 태도를 취하는 경우가 많았다. 또 그리스 내부에서는 아직도 폴리스 상호 간에 갈등이 많았으며, 때로는 마케도니아에 반항을 꾀하기도 했다. 당시 그리스는 전체적으로는 알렉산드로스가 세운 제국의 후신인 마케도니아에 예속되어 있었지만 스파르타 등 강대한 폴리스들은 독립적 지위를 유지해 제국의 권위에 도전하기도 했다.

알렉산드로스가 추진한 정책의 동기는 무엇인가

헬레니즘 제국의 탄생으로 오리엔트와 서방 간의 교역권과 경제권을 서로 연결할 수 있는 통로가 마련됐다. 특히 동·서방의 무역을 중계하며, 알렉산드리아·안티오크·로도스섬·델로스섬은 경제적으로나 문화적으로 크게 번영했다.

그렇다면 알렉산드로스가 헬레니즘화 정책을 추진한 이유는 무엇이었을까? 그는 그저 그리스 문화를 오리엔트에 이식하고자 했던 것일까? 아니면 순수하게 동서 문화 교류를 통해서 상호 이해를 꾀하고자 했던 것일까?

먼저, 알렉산드로스가 취했던 조치를 살펴보자. 그는 제국 전역에 도시를 세우고자 했다. 이 도시들은 아마도 각 지역의 행정 중심지로 삼기 위해 건설된 것으로 보인다. 이렇게 생긴 도시에는 그리스인이 정착했는데, 그중에는 알렉산드로스의 원정대 출신 병사가 많았다. 도시 건설을 통해 제국 전역에 그리스인의 영향이 확대되는 효과가 있었을 것이다. 하지만 이 조치의 본래 목적은 그리스 문화를 전파하는 것보다는 새로이 편입된 백성을 효과적으로 다스리는 것이었다.

두 번째로 알렉산드로스는 결혼을 통해 페르시아인과 그리스인이 융합된 새로운 지배 계급을 창출하고자 했다. 그는 인도원정에서 돌아온 뒤 페르시아 총독들을 숙청하기도 했지만, 기본적으로 그리스인과 페르시아인을 고루 요직에 등용하고자 노력했다.

주목할 만한 점은 알렉산드로스가 왕실 관복이나 궁정 행사, 시종 등 페르시아 궁정의 여러 요소를 도입했다는 점이다. 페르시아 왕실 의상을 즐겨 입기도 한 알렉산드로스는 자신의 마케도니아인 신하에게도 부복(俯伏)의 의식, 즉 프로스키네시스(Proskynesis)를 요구했다. 페르시아인에게 부복은 왕을 알현하는 익숙한 관습이었다. 하지만 바닥에 엎드린 자세에서 통치자의 발에 입을 맞추는 이 오리엔트의 의식은 그리스인에게는 낯선 전통이었다.

알렉산드로스는 자신을 '위대한 왕'으로 높이는 오리엔트의 의식을 통해 강력한 통치력을 행사하려고 했던 것으로 보인다. 약 600~700년 후, 로마의 한 황제 역시 이 부복의 전통을 도입했다. 그는 바로 3세기 로마에 찾아온 정치적·경제적·군사적 위기 속에서 로마 제국을 개혁하고자 했던 디오클레티아누스였다. 디오클레티아누스는 황제의 권위를 높여 제국을 쇄신하고자 부복의 의식을 도입했던 것으로 보인다.

그러나 이러한 부복 의식에 대해서 마케도니아 출신의 장군들은 불쾌감을 드러냈다. 그리스 문화의 맥락에서 보면 부복과 같은 행동은 오직 신에게만 드리는 것이었기 때문이다.

물론 알렉산드로스가 부복 의식을 도입한 것을 두고 거대한 제국을 다스리기 위한 현실적인 필요에서 나온 것이라고 보는 입장도 있다. 알렉산드로스는 마케도니아인 부하들처럼 페르시아 귀족들에게서도 충성을 얻어야 했다.

이처럼 혼합된 궁정 문화는 페르시아인을 배제하지 않기 위한 조치였을 것이다. 나아가 알렉산드로스가 박트리아 공주 록사나와 결혼하여 아이를 낳은 것도 오리엔트인과 그리스인 모두가 받아들일 수 있는 왕조를 만들기 위한 시도였을 것으로 보인다.

03

'아시아의 군주'로서 제국을 통치한 알렉산드로스

페르시아 제국의 옛 수도 수사에 머무는 동안, 알렉산드로스는 여러 가지 일을 겪었다. 먼저 그는 재정 장관 하르팔로스가 공금 횡령으로 처벌받을 것이 두려워 6,000명의 용병과 5,000달란트를 가지고 그리스로 도망쳤다는 것을 알았다. 아테네에서 체포된 하르팔로스는 달아났다가 이후에 크레타에서 살해당했다.

수사에서 알렉산드로스는 페르시아 제국의 정복을 기념하는 큰 잔치를 열었다. 이 자리에서 그는 마케도니아인과 페르시아인을 하나의 지배 민족으로 융화시키는 정책을 더욱 장려하고자 합동결혼식을 열었다. 자신을 비롯한 약 90여 명의 장군이 페르시아 귀족 출신의 여인을 자신의 부인으로 맞아들였다. 그와 헤파이스티온은 각기 다리우스의 딸인 바르시네('스타테이라'라고도 함)와 드리페티스와 결혼식을 올렸다.

하지만 이러한 인위적인 정책은 알렉산드로스와 갈등을 불러일으켰다. 마케도니아인 사이에 특히 페르시아인을 마케도니아인과 동등한 조건으로 군대와 지방 행정 조직에 편입시키기로 한 그의 결정은 심한 원성을 불러일으켰다. 게다가 마케도니아식 군사 훈련을 받은 오리엔트 출신의 청년이 보병에 유입되고, 박트리아와 소그디아나·아라코시아 등지에서 온 이방인이 기병대에 유입됨으로써 마케도니아인의 불만은 극에 달했다. 심지어 페르시아의 귀족이 왕을 호휘하는 근위 기병대로 편재되기도 했다. 대다수의 마케도니아인은 이러한 조치를 부정적으로 받아들였다. 자신들의 특권적 지위가 위협받는다고 생각했기 때문이다.

마케도니아인, 페르시아인 융화정책이 불러온 갈등

이때 알렉산드로스는 크라테로스 휘하의 마케도니아 퇴역 군인을 본국으로 보내도록 결정했다. 그런데 이 결정이 일부 마케도니아인에게는 통치권의 중심부를 아시아 지역으로 옮기기 위한 조치로 비쳐졌던 모양이다. 왕실 근위대를 제외한 모든 군대에서 대대적으로 불만의 목소리가 흘러나왔다. 하지만 알렉산드로스는 이러한 위기를 과감한 조치로 극복했다. 알렉산드로스는 자기 군대 전체를 해산하고 대신 페르시아인을 군적에 올림으로써 반대 세력을 일거에 척결했다.

그러는 한편, 알렉산드로스는 9,000명이 참가하는 대규모의 잔치를 열어서 화해를 도모했다. 그는 이 잔치를 통해서 서로 간의 오해를 종식시키고 마케도니아인과 페르시아인이 평화롭게 협력할 수 있기를 바랐다. 무려 1만 명의 퇴역 군인이 선물을 받고 마케도니아로 돌아감으로써 두 민족 사이의 갈등은 사그라들었다.

알렉산드로스는 잠시도 쉬지 않았다. 기원전 324년 겨울, 알렉산드로스는 루리스탄 산악 지방에 사는 코사이아족을 정벌했다. 다음 해 봄이 되자 여러 민족이 하례 사절단을 보내왔다. 리비아인과 이탈리아의 브루티움인·에트루리아인·루카니아인이 보낸 하례 사절을 영접하며, 그는 이제 아시아의 군주로서 만족할 때도 되었다.

하지만 그의 머릿속에는 새로운 원정의 계획이 펼쳐지고 있었다. 그는 더 광대한 대제국을 구상했다. 그는 우선 아라비아반도를 정복하고 알렉산드리아 도시를 세우고자 했다. 이 계획을 추진하기 위해 알렉산드로스는 아라비아해안을 조사하는 탐사대를 파송하기도 했다. 그러나 알렉산드로스의 원정계획은 아라비아반도에 그치지 않았다. 그는 이집트로 돌아와 리비아를 지나 카르타고를 정복하고 지중해를 건너 신흥강자로 부상하는 로마마저 점령하겠다는 웅장한 계획을 세우고 있었다.

한편, 알렉산드로스는 제국을 운영하는 데에도 소홀하지 않았다. 그는 유프라테스강의 관개시설을 개량하고, 페르시아만 해안 지방에 정착촌을 만들도록 지시하는 등 부지런히 국정을 돌보았다.

광활한 대지에서 말을 타며 전투에 임하던 그는 이제 수사에 머무르게 되었다. '아시아의 군주'가 된 알렉산드로스는 거대한 제국을 효과적으로 통치하고 있었다. 하지만 궁중에서 난무하는 정치 세력 사이의 암투 속에, 그리고 계속되는 연회와 술잔치 속에 그는 매일 지쳐가고 있었다.

04

정상의 자리에서 갑자기 사망한 알렉산드로스

알렉산드로스는 생전에 여러 가지 이름을 가지고 있었다. 그리스 여러 도시국가와 오리엔트 지방을 점령한 알렉산드로스에게 여러 이름이 붙는 것은 자연스러운 일이었다. 우선 자신의 본국 마케도니아에서는 바실레이오스(군왕)로 불렸고, 코린토스 동맹에서는 헤게몬(맹주)으로 불렸다.

　한편 페르시아인은 그를 샤 한 샤(왕 중 왕)라고 불렀고, 이집트인은 그를 파라오라 불렀다. 본인 스스로는 자신을 그리스어로 퀴리오스 타스 아시아스, 즉 '아시아의 군주'로 일컬었다. 이렇게 여러 가지 이름의 통치자로 군림했던 인물이 알렉산드로스 말고 인류 역사상 또 있을까?

하지만 이 모든 직책과 권위도 알렉산드로스를 죽음으로부터 지켜내지 못했다. 기원전 323년 6월 13일, 알렉산드로스는 서른 세 살에 자신이 몇 해 전에 점령했던 바빌론에서 사망하고 말았다. 그가 마케도니아의 왕위에 오른 지 12년 8개월 만의 일이었다. 알렉산드로스는 곧 태어날 자신의 아들도 보지 못하고 죽었다. 나중에 알렉산드로스 4세가 될 아들을 임신하고 있던 알렉산드로스의 아내 록사나의 심정은 얼마나 비통했을까!

알렉산드로스는 죽기 전에 수사에서 바빌론으로, 바빌론에서 엑바타나로 옮겨 가면서 바쁘게 아라비아 원정을 준비하고 있었다. 6월 22일과 23일을 아라비아 원정 출발일로 잡아놓았던 알렉산드로스에게 이 죽음은 더 갑작스러웠을 것이다. 그리스 본토에서 알렉산드로스의 승전보만 접하던 정치가들은 처음에 이 전보를 믿지 않았다고 한다.

다리우스 3세의 모친으로 명망이 높은 여성인 시시감비스 역시 이 소식에 충격을 받았다. 그녀는 알렉산드로스의 포로였음에도 불구하고 그가 죽자 더 이상 살고 싶지 않았다. 오히려 "나의 아들은 단 한 명, 알렉산드로스, 페르시아의 왕이다"라고 말했다고 전해진다. 시시감비스는 너무 슬퍼한 나머지 머리에 베일을 쓰고, 먹지도 않고, 빛을 보려고도 하지 않다가 닷새 만에 타계하고 말았다. 시시감비스는 왜 죽음을 선택했을까? 적장의 어머니였음에도 불구하고 자신을 존중하고 극진히 대우해줬던 알렉산드로스에 대한 마지막 의리였을까? 아니면 앞으로 자신의 신변에 불어닥칠 비극이 염려돼 스스로 자결한 것일까? 분명한 것은 알렉산드로스가 끝까지 다리우스의 모친 시시감비스에게 극진한 대우를 해줬다는 사실이다.

알렉산드로스는 왜, 그리고 어떻게 죽었나

알렉산드로스가 사망에 이르는 과정에 대해서 역사가 플루타르코스는 자세한 기록을 남기고 있다. 그에 따르면, 알렉산드로스는 사망 2주 전부터 연일 술자리를 가졌다고 한다. 이다음 날부터 알렉산드로스는 고열에 시달렸는데, 그 고통이 너무 심해서 소리조차 내지 못할 정도였다고 한다.

이에 비해 디오도로스는 약간 다른 이야기를 남겨놓았다. 그는 알렉산드로스가 헤라클레스를 기리는 뜻에서 큰 술잔을 다 비웠는데, 이 사건 이후로 11일 동안 앓아누웠다는 것이다. 디오도로스에 따르면 알렉산드로스는 열병을 앓지는 않았지만, 극심한 괴로움을 견디다가 죽었다고 한다. 아리아노스의 기록 역시 디오도로스의 진술과 거의 같다.

과연 그날의 진실은 무엇일까? 고대 그리스 세계에서는 귀족을 독으로 암살하는 경우가 많았기 때문에 독살의 가능성도 배제할 수 없다. 디오도로스·플루타르코스·아리아노스 등의 역사가들은 알렉산드로스가 독살됐을 가능성을 암시하고 있다.

특히 유스티누스가 남긴 기록에 따르면, 알렉산드로스가 독살 음모의 피해자라고 직접적으로 기록해놓았다. 하지만 역사가들이 모든 정보를 다 알 수는 없는 노릇이다. 알렉산드로스가 정치적 음모의 희생자가 됐다는 주장은 21세기가 된 오늘날까지도 여전히 인기가 있는 듯하다.

최근 각종 연구 기관에서는 알렉산드로스의 죽음에 대해 고찰하면서 10일 이상에 걸쳐 서서히 독성이 나오기 시작하는 독도 있다는 연구 결과를 내놓고 있기 때문이다.

알렉산드로스가 과도한 음주와 심각한 부상으로 인해 수년간에 걸쳐 체력과 면역력이 악화됐을 것으로 보는 견해도 있다. 알렉산드로스가 오염된 강물을 대수롭지 않게 먹고 수인성 전염병에 걸렸을 것이라는 추론도 있다. 장기 천공에 의한 장티푸스 감염, 화농성 척추염이나 뇌수막염, 급성 췌장염 등의 질병이 사망의 원인이 되었을 것으로 추정하는 학자들도 있다.

알렉산드로스가 아끼던 헤파이스티온이 죽은 이후 그가 느꼈을 정신적 고통 역시 그의 건강을 악화시켰을 수 있다. 알렉산드로스가 아끼던 절친한 친구 헤파이스티온은 1년 전인 기원전 324년에 죽고 말았다. 그의 죽음은 알렉산드로스에게 큰 슬픔을 안겨주었다. 알렉산드로스와 마찬가지로 펠라에서 태어난 그는 알렉산드로스와 모든 비밀을 공유할 정도로 가까웠다. 그렇게 가까운 친구를 잃자 알렉산드로스는 과대망상과 편집증 증세를 보이기 시작했다고 한다.

헤파이스티온 장군과 알렉산드로스 대왕 사이의 관계

헤파이스티온 장군은 오리엔트 원정에서 알렉산드로스와 함께 동고동락하며 깊은 우정을 쌓아갔다. 특히 트로이의 유적에서 알렉산드로스가 흠모하던 영웅 아킬레우스의 무덤에 화환을 바치자, 헤파이스티온은 파트로클로스의 무덤에 화환을 바치기도 했다. 파트로클로스는 아킬레우스의 가장 가까운 친구였기 때문이다. 그래서 이 둘이 동성애 관계였다는 설도 있다.

하지만 알렉산드로스의 성생활에 대해서는 다양한 추측이 난무할 뿐이다. 고대의 어떤 기록도 알렉산드로스가 동성애자라는 기록을 남기지 않았기 때문에, 알렉산드로스가 헤파이스티온과 동성애를 나눴다고 확언할 수 있는 증거는 없다. 단, 고대 그리스 사회에서 동성애는 사회적으로 용인되었기 때문에 동성애 자체가 지도자에게는 큰 흠결이 아니었다.

헤파이스티온은 알렉산드로스의 결정에 언제나 적극적으로 지지를 보냈다. 기원전 324년 봄에 수사에서 열린 합동결혼식에서 헤파이스티온도 다리우스의 딸과 결혼을 했다. 하지만 같은 해 가을에 그는 엑바타나에서 갑자기 병으로 쓰러져 7일 만에 죽고 말았다.

극도로 슬퍼했던 알렉산드로스는 분노에 가득 차서 헤파이스티온을 돌봤던 의사를 처형하고, 사흘 동안 울기만 했다고 전해진다. 그의 장례는 바빌론에서 왕실장으로 치러졌으며 화장용 장작을 준비하는 데만 1만 달란트의 비용이 들었다고 한다. 이때 알렉산드로스는 그리스인들로 하여금 헤파이스티온을 영웅으로 기리도록 하는 명령을 공표했다.

알렉산드로스는 지난 10여 년 동안 오리엔트 원정길에 앞만 보고 달려왔다. 그러나 이제는 공격을 접고 광대한 제국을 통치해야 하는 운명이 되었다. 이런 큰 변화의 시기에 그에게 가장 필요한 것은 허심탄회하게 모든 것을 털어놓을 수 있는 친구였을 것이다. 헤파이스티온이야말로 알렉산드로스에게 바로 그런 친구였다. 절친한 친구를 잃자 그에게 허탈감과 상실감이 찾아왔을 것이다. 따라서 알렉산드로스의 약해진 몸과 정신에 잦은 연회와 술자리는 치명적이었다.

알렉산드로스 대왕의 장례가 치러지다

어떠한 이유에서이건 알렉산드로스는 이미 싸늘한 시체로 변해 있었다. 죽은 지 며칠 후 알렉산드로스의 시신은 바빌로니아와 이집트에서 온 전문가에 의해 방부 처리된 채 석관에 안치되었다.

권력을 차지한 페르디카스는 이 석관을 마케도니아의 아이가이의 왕실 지하 묘지에 매장하고자 했다. 왕의 유해를 실어 나를 화려한 수레는 바빌론에서 제작됐다.

하지만 프톨레마이오스는 알렉산드로스의 장례 행렬이 마케도니아로 향하던 중에 이를 납치해 고대 이집트의 수도인 멤피스에 매장해버렸다. 이후 프톨레마이오스 2세는 이 묘소를 다시 알렉산드리아로 옮겼다.

많은 정치가들이 알렉산드로스의 무덤을 보고 싶어했다. 율리우스 카이사르와 아우구스투스 역시 각각 알렉산드리아에 있는 이 무덤을 방문했다고 알려져 있다. 알렉산드로스와 그의 업적은 많은 로마인이 선망하는 대상이었다. 역사가 폴리비우스는 로마 장군들이 자신의 업적을 알렉산드로스의 업적과 비교하길 좋아했다고 기록했다.

당대의 유명한 인물들이 알렉산드로스의 묘소에 방문했다는 이야기가 전해진다. 카이사르는 알렉산드로스의 묘소를 방문하고 눈물을 흘렸다고 한다. 자신이 이룬 업적이 알렉산드로스와 비교해보면 아무것도 아니라는 것을 깨닫고 자괴감을 느낀 것은 아닐까? 한편 악티움 해전에서 승리한 뒤 옥타비아누스도 이 무덤을 방문했다. 그는 무덤에 헌화하고 알렉산드로스의 머리에 왕관을 씌웠다고 전해진다.

• **알렉산드로스의 장례 행렬**
고대 역사가 디오도로스가 묘사한 내용을 바탕으로 알렉산드로스의 장례 행렬을 복원한 삽화로, 19세기에 그려졌다.

한편 로마의 황제 칼리굴라(재위: 37~41)는 알렉산드로스의 무덤에서 흉갑을 꺼내 갔다고 한다. 그는 자신을 다시 태어난 알렉산드로스라고 주장했다. 그에게 알렉산드로스는 우정과 관용이 넘치는 군주를 상징하는 본보기였던 모양이다. 또한 훗날 알렉산드로스를 존경하여 그를 모방한 것으로 유명한 황제가 있었으니 바로 카라칼라 황제(재위: 211~217)였다. 그는 이 무덤에 찾아와 알렉산드로스의 반지·허리띠·겉옷을 다른 귀중한 물건과 함께 제거하여 관에 보관했다고 한다.

하지만 이 이야기가 어느 정도의 신빙성이 있는지는 알 수 없다. 여러 전승이 사료에 기록된 것으로 보이기 때문이다. 수백 년 동안 유지되어오던 무덤은 아마도 4세기 말, 테오도시우스 황제(재위: 379~395)의 조치에 의해서 파괴된 것으로 추정된다. 테오도시우스 황제는 크리스트교를 국교화하면서 모든 이교도 의식을 금하고 이교 신전들을 폐쇄하는 조치를 취했다.

하지만 이후 9세기, 심지어 15세기에도 이 무덤을 봤다는 사람들의 기록이 전해지고 있어서 무덤이 언제까지 남아 있었는지는 알기 어렵다. 무덤의 위치 역시 모호하다. 알렉산드로스의 묘소는 여전히 신비한 베일에 싸여 있다.

알렉산드로스의 모습이 새겨진 석관이 발견되다

1887년 레바논의 시돈 근처의 분묘에서 석관이 하나 발견됐다. 이 석관은 대리석으로 만든 관의 네 면에 알렉산드로스 대왕의 조각이 새겨져 있는데, 그 조각이 매우 정교해서 미적 가치가 높은 작품이다. 석관의 긴 부분 한쪽에는 동료 장군들과 알렉산드로스 대왕이 이소스 전투를 지휘하는 모습이 새겨져 있다.

다른 쪽에는 사자 사냥에 나선 알렉산드로스 대왕의 모습이 새겨져 있고, 좁은 부분에는 이소스 전투 후 시돈 왕으로 책봉받은 압달로니무스가 전투에서 싸우는 모습과 표범을 사냥하는 모습이 새겨져 있다. 이런 조각의 모습 때문에 이 관은 한때 알렉산드로스 대왕의 시신을 담았던 관으로 생각됐다.

하지만 여러 학자들은 이 관이 시돈 왕 압달로니무스의 관이라고 주장하고 있다. 그의 모습이 조각에서 발견될 뿐 아니라, 이 관의 형상은 고대 역사가들이 알렉산드로스의 관을 묘사한 바와 다르기 때문이다. 게다가 이 관이 만들어진 연대도 압달로니무스가 죽은 시점(기원전 311)과 비슷하다.

그런데 기존의 학설을 뒤집는 연구 결과가 최근에 나타났다. 이 관이 페르시아 귀족이자 킬리키아 총독이었던 마자에오스(기원전 385년경~328)의 것이라는 주장이다. 하지만 아직 결정적인 근

• 시돈에서 발견된 석관

1887년 시돈 부근의 네크로폴리스에서 화려한 석관이 발견되었다. 석관의 네 측면에 이소스 전투의 현장이 정교한 부조(浮彫)로 새겨져 있는데, 그 가운데 사자 가죽을 머리에 쓴 알렉산드로스의 모습도 보인다.

거가 부족해서 앞으로 더 많은 연구가 필요해 보인다.

마자에오스는 독특한 운명을 타고난 인물이었다. 그는 기원전 331년 가우가멜라 전투에서 다리우스 3세를 도와 알렉산드로스의 군대와 싸웠던 장군이다. 그는 전투에서 패배한 뒤 끝내 항복했고, 알렉산드로스는 그를 바빌로니아 총독으로 임명했다. 그런데 마자에오스는 몇 년 뒤인 기원전 328년에 사망했다. 다리우스 3세의 딸, 스타테이라 2세를 약혼녀로 남겨놓고 말이다. 그녀가

4년 뒤에 얻었던 남편은 다름 아닌 알렉산드로스였다.

현재 이 관은 정확한 주인을 모른 채, 터키의 이스탄불 고고학 박물관에 '알렉산드로스의 관'이라는 이름으로 전시되어 있다.

제3장 헬레니즘 제국의 시대

05

알렉산드로스 사후, 제국이 분열되다

지난 10여 년 동안 알렉산드로스는 다리우스 3세를 무찌르고 페르시아 제국 전체를 정복했다. 알렉산드로스가 정복한 땅은 실로 광대했다. 소아시아·아시리아·레반트·이집트·메소포타미아·메디아·페르시아뿐 아니라, 오늘날의 아프가니스탄과 파키스탄 일부 지역, 그리고 중앙아시아 초원 지대까지 아우르는 땅이 알렉산드로스의 지배하에 놓였다. 비록 알렉산드로스는 세상 끝까지 진군하기를 꿈꿨지만, 결국 그 꿈을 이루지는 못했다.

알렉산드로스가 갑자기 죽게 되면서, 그가 남긴 제국의 운명도 풍전등화에 놓이고 말았다. 알렉산드로스가 생긴 지 얼마 되지 않은 이 거대한 제국을 이끌 다음 후계자를 딱히 정해놓지 않고 젊은 나이에 세상을 떠났기 때문이다.

디오도로스에 따르면, 알렉산드로스의 장군들은 그에게 사후에 왕국을 물려주고 임종을 지켜볼 자가 누군지 물어봤다고 한다. 알렉산드로스는 이 질문에 "가장 강한 자"라고 간결하게 대답했다고 한다. 과연 용맹하고 진취적인 알렉산드로스가 내뱉을 수 있는 기백 있는 한마디이다. 하지만 알렉산드로스의 이 한마디는 추후 제국에 엄청난 혼란을 불러일으켰다. 그는 이 대답이 제국에 가져올 혼란을 충분히 상상할 수 있지 않았을까? 열흘 동안 고통 속에서 알렉산드로스가 판단력을 상실한 것은 아니었을까? 아직 정당한 후계자가 없는 알렉산드로스로서는 특별한 대안이 없었을지도 모른다.

쿠르티우스 등의 역사가들이 남긴 기록에 따르면, 알렉산드로스는 죽기 전에 페르디카스 장군에게 자신의 반지를 주었다. 하지만 이 이야기는 진위가 의심된다. 몇몇 역사가들은 이런 서술을 남긴 적이 없기 때문이다. 그래서 오늘날 역사가들은 이를 두고 페르디카스가 정치적 선전을 하려고 만들어낸 소문으로 보기도 한다. 이쯤 되면 페르디카스가 자신을 후계자로 내세울 법도 하다.

그러나 정작 페르디카스는 그런 주장을 펴지 않았다. 그는 오히려 록사나의 배 속에 있는 알렉산드로스의 아들이 마땅히 다음 왕이 되어야 한다고 주장했다. 그러나 멜레아그로스 장군의 생각은 달랐다. 그는 알렉산드로스의 이복동생인 필리포스 아리다이오스를 왕으로 모시고자 했다. 이 이복동생은 알렉산드로스의 부친인 필리포스가 낳은 사생아였다.

페르디카스와 멜레아그로스의 세력 사이에는 긴장감이 감돌았다. 하지만 결국 두 인물은 알렉산드로스의 아들이 태어나기를 기다리기로 타협했다. 그리하여 갓 태어난 알렉산드로스의 아들은 알렉산드로스 4세로, 필리포스의 아들은 필리포스 3세로 명목상의 왕이 되었다. 전해지는 기록에 따르면, 필리포스 3세는 간질 환자였다고 한다. 결국 두 왕 모두 거대한 제국을 통치할 능력이 없었기에 페르디카스가 섭정을 했고, 멜레아그로스가 그를 보좌하게 되었다.

하지만 이를 기점으로 피의 비극이 시작됐다. 권력을 독차지하고자 했던 페르디카스가 멜레아그로스를 암살하고 전권을 차지하고 말았던 것이다.

디아도코이의 시대가 도래하다

알렉산드로스의 갑작스러운 죽음은 엄청난 살상을 불러일으켰다. 알렉산드로스 생전에 목숨을 바쳐 대왕을 따르던 휘하의 장군들, 즉 유장(遺將)들은 공백이 된 권력을 차지하기 위해 또다시 목숨을 바쳐 싸우기 시작했다. 과거에 동지였던 장군들은 이제 원수가 되어 제국의 주도권을 두고 경쟁하게 된 것이다. 이들은 대개 알렉산드로스 대왕과 함께 페르시아 원정에 참가해 이소스 전투·가우가멜라 전투에서 승리를 맛보았던 자들이다.

그 가운데 안티고노스는 알렉산드로스를 보좌하며 수많은 전투에 참가하던 중 한쪽 눈을 잃었고, 이에 모노프탈모스(애꾸눈이)라는 별칭을 얻었던 인물이다. 그리고 셀레우코스는 알렉산드로스 대왕의 민족 융합 정책에 따라 페르시아 수사에서 열린 집단 결혼식에서 박트리아 공주와 결혼했던 장군이다. 프톨레마이오스 역시 수사에서 페르시아 출신의 귀족과 결혼했고, 오리엔트 원정 중 수많은 공훈을 세웠던 장군이다.

이들 유장들을 그리스어로는 '디아도코이(diadochoi)'라고 불렀다. '후계자' 또는 '상속자'라는 뜻이다.

권력의 공백이 찾아오자 알렉산드로스 휘하에 있던 장군들은 서로 적이 되어버렸다. 멜레아그로스를 암살했던 페르디카스도 역시 다른 디아도코이에 의해서 암살됐다. 불안한 정국은 무려 40여 년간 계속되었다. 이른바 '디아도코이 전쟁'이 제국을 휩쓸었다. 서로 죽고 죽이는 암투와 권력 투쟁 속에서 수많은 장군이 죽었다. 이 와중에 알렉산드로스의 직계 혈통인 알렉산드로스 4세와 필리포스 3세마저 모두 암살당하고 말았다. 심지어 알렉산드로스 4세의 모친인 록사나뿐 아니라 알렉산드로스 대왕의 사생아이자 마지막 자손이었던 헤라클레스마저 죽임을 당했다. 이로써 알렉산드로스 대왕의 후손은 모두 멸절되고 말았다.

디아도코이들은 서로 싸우며 알렉산드로스 대왕이 남긴 영토를 나누어 가졌다. 이프소스 전투(기원전 301), 쿠르페디온 전투(기원전 281) 등 굵직한 전투를 겪은 후, 끝까지 살아남은 디아도코이의 세력 범위가 대략 결정됐다. 그리고 알렉산드로스가 남겨놓은 광대한 영토는 크게 셋으로 분할됐다.

마케도니아와 그리스 중부에는 안티고노스 왕조가 들어섰고, 알렉산드리아를 중심으로 한 이집트 일대에는 프톨레마이오스 왕조가 세워졌다. 안티오케이아를 중심으로 한 시리아는 셀레우코스 왕조의 소유가 됐다. 일반적으로 이들 왕국을 다스렸던 지도자들은 알렉산드로스의 이념과 통치 방식을 잘 이해하는 장군들이었기 때문에, 알렉산드로스의 동서 융합 정책을 계속 실시했다.

그 결과 이 지역에서 그리스 문화가 계속 전파됐고, 그리스식으로 세워진 도시 문명이 계속 융성했으며, 더 많은 그리스인이 계속 오리엔트로 이주해왔다고 한다. 하지만 이들 세 왕조가 서로 평화롭게 지낸 것은 아니었다. 기원전 3세기에는 이들 사이에 영토를 두고 신경전이 벌어졌다. 시리아와 이집트가 팔레스타인과 페니키아·남부 시리아를 차지하기 위해서 쟁탈전을 벌이고, 이집트와 마케도니아는 에게해를 두고 패권을 다투기도 했다.

그리고 가장 많은 이질적인 요소로 구성되어 있던 시리아의 경우에는 내부 분열이 발생하면서 국력이 많이 쇠약해졌다. 시리아의 영토 가운데 중앙아시아 세력이 떨어져나갔고, 그다음에는 소아시아에서도 여러 세력이 빠져나갔다. 그중에는 페르가몬도 있었다. 기원전 3세기 초부터 2세기 후반까지 진취적이고 교양 있는 아탈리드 가문이 소아시아를 개척해, 페르가몬을 수도로 정하고 헬레니즘 문화를 발전시켰다.

그리하여 이들 왕국은 각자의 길을 걸어갔다. 대부분 왕조 말기에 이르러 서서히 쇠퇴하다가 로마에 흡수되었다. 이들 사이에는 동맹·배신·복수·정략결혼·전쟁이 되풀이됐다. 그러나 디아도코이가 세운 왕국 사이에는 공통점이 있었다. 이 왕국의 지배자 모두는 스스로를 그리스인으로 여겼으며, 다른 헬레니즘 국가들도 '야만인'이 아니라 '그리스인'이 세운 나라로 인식했던 것이다.

마케도니아 왕국·셀레우코스 왕국·프톨레마이오스 왕국으로 분열되다

디아도코이가 제일 먼저 독립된 왕국을 세운 지역은 마케도니아였다. 하지만 마케도니아의 국력은 그리 강성하지 못했다. 그리스의 폴리스들이 마케도니아의 지배로부터 이탈하고자 끊임없이 노력했기 때문이다. 그리스인은 펠로폰네소스에 근거지를 둔 아이톨리아 동맹과 아카이아 동맹으로 연결되어 마케도니아에 큰 위협을 안겨줬다. 서쪽에서는 포에니 전쟁에 승리한 로마가 기세등등하게 공격을 해왔다.

세 차례에 걸친 마케도니아 전쟁 속에서 결국 마케도니아는 패배하고 만다. 마케도니아는 기원전 168년에 로마령이 됐고, 기원전 146년에는 로마의 속주로 전락했다.

이와 반대로 시리아와 이집트에는 오리엔트풍의 강력한 군주 국가가 성립됐다. 특히 프톨레마이오스 왕조는 알렉산드로스 대왕의 측근이었던 프톨레마이오스 1세가 세운 왕조이다. 그는 자연스럽게 이집트 토착 문화를 받아들여 파라오로 군림했다. 지배층은 고래(古來)의 토착 종교와 왕가의 극단적인 근친결혼 같은 풍속 등을 그대로 유지하고, 이집트 토착민과 마찰을 피해 현명한 통치를 했다. 아마도 해당 지역 토착민을 계속 지배하기 위한 수단이었을 것이다.

프톨레마이오스 왕조는 물산이 풍부하면서도 외부로부터 고립된 이집트 지역을 차지하여 상대적으로 안정적으로 유지되었다. 이집트에는 알렉산드리아·나우크라티스·프톨레마이오스 등 그리스풍의 폴리스 세 곳이 있었다. 이 가운데 프톨레마이오스 왕국의 수도이기도 한 알렉산드리아는 번영하는 상업항이자 거대한 규모의 도서관을 자랑하는 학문의 도시였다. 이 도시는 한때 '없는 것은 눈(雪)뿐'이라는 말이 나올 만큼 영광스러운 번영을 누렸다.

프톨레마이오스 왕조의 사회·경제 상황에 대해서는 매우 치밀하게 연구가 진행되어왔다. 이집트 지역은 기후가 건조해 상당한 양의 파피루스 사료가 오늘날까지 보존되어 있기 때문이다. 이 사료를 분석한 결과, 이집트의 전 국토는 왕의 소유였고 왕권이 대단히 강했다는 사실을 확인하게 되었다. 거의 모든 산업이 국가 전매제(專賣制)로 운영되었고 수입도 엄격하게 제한되었던 것으로 보인다.

프톨레마이오스 왕조는 관료 기관이 발달하여 효과적으로 통치하였으며, 강력한 군사력을 과시했다. 한때 세력이 강할 때 이 왕조는 동부 리비아·누비아·팔레스타인·아나톨리아 해안 전역을 차지할 정도로 명실상부한 동부 지중해의 지배자였다. 하지만 경쟁 관계였던 셀레우코스 왕조와 전쟁을 자주 하고, 소수의 이민족 특권 계급이 다수의 이집트인을 지배하는 한계 속에서 기원전 1세기 무렵 이후로 국력이 급속히 쇠약해졌다.

이 무렵 로마의 통치자들은 곡창 지대인 이집트 지역에 눈독을 들였다. 이때 프톨레마이오스 왕조를 다스렸던 클레오파트라 여왕은 외교 수완을 발휘해 로마의 침략으로부터 이집트를 보호하고자 했다. 그녀는 처음에는 율리우스 카이사르와, 나중에는 안토니우스와 연대했다.

하지만 그녀의 노력에도 불구하고, 이 지역은 로마인들의 차지가 되어버렸다. 훗날 아우구스투스(라틴어로 '존엄한 자'라는 뜻)의 칭호를 받은 옥타비아누스가 기원전 31년 악티움 해전에서 크게 승리하면서 프톨레마이오스의 군대는 회복 불능의 상태로 패퇴했다. 이로써 이집트를 부흥시키고자 했던 클레오파트라 여왕의 꿈은 물거품이 됐다. 결국 프톨레마이오스 왕국은 기원전 30년에 로마에 완전히 합병되기까지 약 300년간 지속되어 헬레니즘

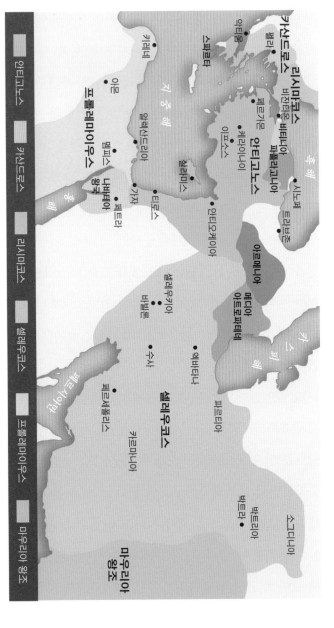

- 디아도코이에 의해서 여러 나라로 분열된 헬레니즘 제국의 지도(기원전 300년 전후)

알렉산드로스 사후 헬레니즘 제국은 여러 나라로 분열되었다. 가장 거대한 영토를 차지했던 세력은 오늘날 시리아 및 이란 일대를 차지했던 셀레우코스 왕조였다. 마케도니아 지역에는 안티고노스 왕조가 들어섰고, 이집트 일대에는 프톨레마이오스 왕조가 들어섰다. 이들 나라 사이에 전쟁과 반목이 계속되면서 세력이 판도는 끊임없이 바뀌었다. 이 와중에 독자적인 세력으로 성장한 페르가몬은 기원전 230년경에 왕국으로 성장했다.

제국의 최후를 담당했다.

한편 셀레우코스 왕조도 오리엔트적인 전제군주국을 세웠다. 이 왕조의 지배 영역은 헬레니즘 왕국 중 가장 광대하여 메소포타미아·페르시아·파미르 일대를 차지했고, 동쪽 국경이 인도의 마우리아 왕조와 접할 정도였다. 그리고 왕이 소유한 방대한 규모의 토지는 '왕의 백성'이라고 불리는 농노적 농민이 경작했다. 그러나 국토가 광대한데다가 정치적인 상황이 복잡하여 왕의 지배력이 고루 미치지는 못했다. 그래서 멀리 파르티아·박트리아가 훗날 독립을 선언하기도 했다. 셀레우코스 역시 로마의 군사력을 이기지 못하고 로마군의 무력에 굴복했다. 결국 이 땅은 기원전 64년에 로마의 속주가 되고 말았다.

폼페이에 남아 있는
알렉산드로스 모자이크화

고대 로마의 휴양 도시였던 폼페이는 기원후 79년 8월, 베수비오 화산이 갑자기 분출하는 사건으로 인해 아수라장이 되어버렸다. 화려했던 도시는 곧 화산재로 뒤덮였다. 그 결과 번성했던 도시는 갑자기 멸망하고 말았다. 후대에 발굴이 이루어져 당시 로마인의 생활상을 전해주는 프레스코 벽화와 모자이크 작품이 많이 발굴됐다. 그런데 폼페이 유적지의 수많은 집 가운데 '파우누스(Faunus: 로마 신화 속 전원·목축의 신. 반인반수半人半獸 형태를 띰)의 집'이라 불린 집이 하나 있었다. 이 집의 아트리움에서 파우누스 모양을 한 작은 청동상이 발견되었기 때문이다.

파우누스의 집은 폼페이에서 가장 거대하며 화려하고도 호화롭다. 바로 이 집에서 '알렉산드로스 모자이크화'가 발견된 것이다. 그런데 이 모자이크는 벽에 붙어 있는 것이 아니라 접견실 바닥을 꾸미는 모자이크화였다.

고고학자들은 가로 5.82미터에 세로 3.13미터에 달하는 이 대작이 기원전 2세기 말에서 1세기 초 사이에 만들어졌을 것으로 추정하고 있다. 원본은 현재 나폴리 국립박물관에 소장되어 있고, 폼페이 현장에는 모작이 남아 있다.

이 모자이크화는 알렉산드로스 대왕과 다리우스 3세가 이소스 전투에서 격렬하게 충돌하는 장면을 묘사하고 있다. 그림 왼쪽에 말을 탄 갈퀴머리의 젊은이가 알렉산드로스이고, 오른쪽 전차에 올라탄 수염 난 이가 다리우스 3세이다. 패색이 짙어진 다리우스는 이제 막 퇴각하고자 하고, 이를 뒤쫓는 알렉산드로

• **폼페이 '파우누스의 집'에 남아 있는 알렉산드로스 모자이크화**
폼페이의 대저택 파우누스의 집 접견실 바닥에서 발견된 모자이크화로 알렉산드로스가 페르시아의 다리우스 3세를 쫓고 있는 이소스 전투의 한 장면을 묘사한 것이다.

스의 얼굴에는 야생미와 함께 단호한 의지가 느껴진다. 비록 일부가 파손됐지만 약 1,900년이 지금도 여전히 생동감이 넘치는 역작이다.

　이 작품의 완성을 위해서는 약 4만 개의 테세라(tessera: 모자이크를 이루는 작은 조각)가 필요했다고 한다. 그런데 이 모자이크화를 남긴 작가는 누구였을까? 아쉽게도 우리는 알 수가 없다. 다만 에트루리아 출신의 필록세노스가 그린 그림을 모작한 것이라는 정도로만 추정해볼 수 있을 뿐이다.

　우리는 이 작품을 통해 로마인이 알렉산드로스 대왕을 얼마나 존경하고 흠모했는지 확인할 수 있다.

폼페이에서 모자이크화가 제작된 이유

이탈리아 반도의 서해안에 자리 잡고 있는 도시 폼페이는 화산 분출로 피해를 입기 전까지는 로마 귀족들의 휴양지로 번성한 도시였다. 이 도시에서 알렉산드로스와 다리우스가 싸우는 장면을 묘사한 모자이크화가 발견되었다. 모자이크화가 발견된 폼페이의 집주인은 도대체 어떠한 일을 하는 사람이었을까? 그는 왜 이런 그림을 자기 집에 남겼을까? 이런 그림을 제작하려면 도대체 어느 정도의 금액이 들까? 아마도 이 집주인은 화려한 모자이크화를 보여줌으로써 손님들에게 미술품에 대한 자신의 고상한 취향과 막대한 재력을 뽐내려고 하지 않았을까?

세계사 속에서 자신의 취향이나 재력을 과시하기 위해서 예술 작품을 제작하거나 주문하는 인물들이 종종 있었다. 그런 인물들이 남긴 예술 작품에는 어떤 것들이 있는지 조사해보자.

알렉산드로스 대왕은 새로운 시대를 열었다. 그가 연 헬레니즘 시대는 격동의 시대요 변화의 시대였다. 하지만 그리스 세계와 오리엔트 세계의 문화가 만나서 전에 볼 수 없었던 새로운 문화가 꽃을 피웠다. 스토아 사상과 에피쿠로스 사상 등 예전에 없던 철학이 발달했다. 아르키메데스가 부력의 원리를 발견한 것처럼 수많은 과학자들이 새로운 이론과 법칙을 발견했다. 라오콘과 같은 육감적이고 격정적인 조각 작품이 만들어졌고, 저 멀리 인도에서는 새로운 간다라 미술이 나타났다. 이 시대에 나타난 독특하고 창의적인 문화유산을 하나하나 살펴보면서 헬레니즘 시대의 독특한 문화와 정서를 음미해보자.

제4장

헬레니즘 시대에 꽃핀
독창적인 문화

01

오리엔트 지역에 그리스 문화가 전파되다

기원전 324년, 인도 원정을 마치고 귀환한 알렉산드로스는 옛 페르시아 제국의 겨울철 수도이자 행정 중심지였던 수사에 머물렀다. 그는 이전부터 동서 문화 융합을 상징하는 정치적 이벤트를 계획하고 있었는데, 이제 그 아이디어를 실행할 때였다. 수사에 봄이 찾아오자 알렉산드로스는 초대형 합동결혼식을 거행했다.

알렉산드로스는 이소스 전투에서 살려준 적장의 딸과 결혼식을 올렸다. 그녀는 다름 아닌 다리우스 3세의 딸인 스타테이라 2세였다. 이날 알렉산드로스의 친구 헤파이스티온은 스타테이라의 누이인 드리페티스와 결혼했다. 알렉산드로스 휘하의 장군

• 수사에서 열린 합동결혼식
알렉산드로스가 옛 페르시아의 수도 수사에서 페르시아 왕가의 공주와 결혼식을 올리는 모습을 그린 19세기의 동판화이다. 중앙에 알렉산드로스와 스타테이라 공주가 앉아 있다. 이날 본인뿐 아니라 휘하의 장군과 병사, 1만여 명도 페르시아인과 결혼했다.

90명도 페르시아 귀족여인과 결혼했다. 하급 장교와 병사 1만 명도 페르시아인과 결혼하여 후한 지참금을 보상으로 받았다. 이 파격적인 결혼식 행사는 유럽과 오리엔트의 인종과 문화가 융합되는 중요한 분기점을 마련했다.

알렉산드로스는 더 나아가 페르시아 귀족을 친위 기병대로 편재하는 등 이민족을 통치하며 그리스 문화와 오리엔트 문화를 계속 융합하고자 했다. 이러한 일련의 정책들을 통해 그리스인이 오리엔트인을 보는 편견이 상당히 줄었을 것이다.

하지만 헬레니즘 문화의 무게중심은 본질적으로 그리스 문화에 쏠려 있었던 것이 사실이다. 단적으로 이 시대에 지배층이나 교양인 집단에 속하려면 코이네라는 그리스어의 방언을 알아야 했다. 그리스어로 된 문학도 오리엔트 전역에 퍼졌다. 오리엔트 곳곳에 세워진 그리스 극장은 그리스 문화를 효과적으로 전파했다.

그리스의 미술도 오리엔트 지역에 전파되었다. 헬레니즘 시대에 이르면 오리엔트 지역에서 그려진 초상화가 더욱 사실적인 양상으로 변했다. 화폐 도안도 신의 형상이나 역사적 사건을 기념하는 그리스식 형태로 변했다. 다행히 알렉산드로스의 모습이 새겨진 화폐가 지금까지 진하고 있어 당시의 미적 감각을 엿볼 수 있다.

200쪽 위에 실린 화폐는 디아도코이 가운데 리시마코스가 주조한 것이다. 그는 알렉산드로스의 모습이 새겨진 화폐를 유통시킴으로써 정통성을 주장했다. 그는 기원전 306년에 스스로 왕이라 칭하고, 트라키아와 소아시아·마케도니아를 지배했다. 훗날 리시마코스는 리디아·이오니아·프리기아·소아시아의 북쪽 해안까지 영토를 넓혔다. 그가 유통시켰던 화폐를 통해서 알렉

- **알렉산드로스의 모습이 새겨진 화폐**

  기원전 290~기원전 280년대의 것으로 추정되는 화폐의 앞뒷면이다. 앞면에는 알렉산드로스가 이집트의
  아몬신처럼 숫양의 뿔을 달고 있는 모습이, 뒷면에는 아테나 여신이 앉아 있는 모습이 새겨져 있다.

산드로스 대왕이 기원전 4세기에 어떠한 이미지로 형상화됐는지
를 확인할 수 있다.

알렉산드로스의 오리엔트 원정은 동서양 간의 접촉과 거래를
폭발적으로 증가시켰다. 헬레니즘 세계의 지배자들은 마케도니
아 출신이거나 그리스 문화를 접한 사람들이었다. 알렉산드로스
는 오리엔트 곳곳에 그리스식 도시를 건설하여 그리스인과 마케
도니아인에게 이주를 권했다.

기원전 4세기경 그리스 본토에서 경제적으로 위축되고 정치
혼란에 시달리던 그리스인은 이 기회를 놓치지 않았다. 이들은
폴리스를 떠나 용병, 상인 또는 관리의 자격으로 오리엔트 지역

으로 이주했다. 그 결과, 지중해 세계와 오리엔트 세계가 하나의 거대한 교역권으로 연결되었다.

알렉산드로스는 페르시아의 금고에서 막대한 양의 금과 은을 탈취했다. 이 재물은 관리나 장군들에게 분배되거나 새로운 도시를 건설하는 등 각종 토목 공사에 쓰였다. 그 결과, 통화량이 증대되고 구매력이 커져서 제조업과 상업의 발달이 크게 촉진되었다.

상공업의 급속한 발달로 인해 오리엔트 전역에서 도시가 경제 활동의 중심지로 성장했다. 도시는 그리스 문화가 전파되고 확산되는 거점 역할을 했다. 특히 무역로 상에 자리 잡았던 도시는 동서 문화가 융합되는 장이었다. 오늘날 아프가니스탄의 북동부 지역에 위치한 아이 카눔은 지금도 그리스계 신상과 영웅상, 코린토스 양식의 주두(柱頭: 기둥의 머리 부분)를 찾아볼 수 있을 정도로 그리스 문화가 침투했던 곳이다.

그뿐 아니라 오리엔트의 여러 지역에 그리스 양식의 신전 건물이 들어섰다. 또 여러 도시에 그리스식 체육관이 들어서면서 그리스의 체육·경기 문화가 오리엔트에 전파되기도 했다. 그러나 기존의 전통문화가 완전히 사라졌다고 볼 수 있는 근거는 없다. 기존의 오리엔트 문화에 그리스 문화가 새로이 유입되어 새로운 헬레니즘 문화를 창출했던 것이다.

이러한 배경 위에서 헬레니즘 시대에는 알렉산드리아 외에도 여러 도시가 크게 발달했다. 소아시아의 에페소스와 페르가뭄, 흑해 입구의 비잔티움, 에게해의 로도스섬과 데로스섬 등이 교역과 수공업의 중심지로 번영했다. 셀레우코스 왕국의 새로운 수도가 된 안티오케이아는 공업 도시이면서 아시아와 인도를 잇는 교역의 중심지로 크게 성장했다. 한편 페르가몬도 대규모 도서관을 보유한 학문의 중심지로 성장했다.

이와 같이 알렉산드로스가 동서 문화를 융합하기 위해 노력한 결과, 오리엔트 지역에 그리스 문화가 깊이 침투했다는 것을 알수 있다. 심지어 오리엔트 곳곳에서 서로 다른 인종이 같은 언어로 대화를 나누는 진풍경이 벌어졌을 것이다. 서로 원수지간이었던 그리스인과 페르시아인이 서로 이야기를 나누는 모습은 어느 누구도 상상하지 못했다. 페르시아 전쟁의 이야기를 어린 시절부터 들어왔을 그리스의 노인들은 몇십 년 만에 달라진 세상을 보며 아마 격세지감을 느꼈을 것이다.

알렉산드로스는 확실히 새로운 문화적 토양을 만들어놓고 세상을 떠났다. 그가 만든 이 비옥한 토양 위에서 수백 년 동안 새로운 철학과 자연과학, 미술이 화려하게 꽃피웠다.

하지만 오리엔트인의 입장에서 본다면 이러한 변화는 어떻게 받아들여졌을까? 어느날 갑자기 그리스인이 쳐들어와서 도시와 신전을 건설하고 자신들의 언어를 강요한 것으로 보이지는 않았을까? 그리스인은 과연 오리엔트의 문화로부터 무언가를 배우고자 했을까? 혹여라도 그리스인의 사고방식을 오리엔트인에게 강요했던 것은 아닐까?

이러한 여러 가지 의혹에도 불구하고, 알렉산드로스가 자신이 처한 시대적 한계 속에서 동서 문화를 융합하기 위해 최선을 다 했으리라는 점은 충분히 짐작할 수 있다.

02

헬레니즘 시대에 발생한 여러 가지 사회 문제

헬레니즘 사회는 알렉산드로스가 추진한 그리스인의 오리엔트 이주 정책과 함께 본격적으로 시작됐다. 알렉산드로스는 그리스 인을 오리엔트로 이주시킴으로써 몇 가지 정치적·경제적 효과를 꾀했을 것이다. 우선, 이주해온 그리스인에게 여러가지 특권을 줌으로써 이들의 불만을 무마할 수 있었다. 그뿐 아니라 지중 해와 오리엔트를 연결한 거대한 교역권을 만들어 무역의 주체를 그리스인으로 삼을 수 있었다.

알렉산드로스는 오리엔트 지역의 막대한 경제력을 그리스 세계로 이전하고자 노력했다. 그러기 위해서는 경제적인 안목이 있는 그리스인이 필요했다. 이들 그리스인은 그리스의 문화를 오리엔트에 전파하는 동시에 오리엔트 지역의 풍부한 물자를 효과적으로 활용했다.

하지만 수많은 그리스인이 오리엔트 지역으로 계속 진출하다 보니 문제가 발생하고 말았다. 바로 식량 부족 문제였다. 이 문제를 극복하지 못하면 오리엔트 지역에 큰 혼란이 초래될 우려가 있었다. 문제를 해결하기 위해 헬레니즘 제국은 대규모 농장을 건설했다. 대농장에서 식량을 많이 생산함으로써 주민에게 식량을 충분히 공급하기 위해서였다.

하지만 대규모 농업 경영을 실시하기 위해서는 노예 노동이 절대적으로 필요했다. 그 결과 상공업·수공업·농업 등 여러 분야에서 '그리스적인 노예 제도'가 도입되기 시작했다. 그렇다면 누가 노예가 되었을까? 바로 오리엔트 지역에서 원래부터 살고 있었던 원주민과 그리스에서 이주해온 노예가 그 역할을 담당했다.

이러한 방식으로 노예를 충당해서 농장을 경영하자 식량 부족 문제는 어느 정도 해결이 되었다. 그러나 이제는 사회 계층 간에 대립이 발생했다. 오리엔트 지역의 원주민과 그리스에서 온 이주민 사이에 빈부 격차가 큰 폭으로 벌어졌기 때문이다. 노예 노동과 오리엔트 원주민 착취를 통해서 쌓은 경제적 풍요는 또 다른 사회문제를 불러일으켰던 것이다.

하지만 경제적 풍요도 오래 지속되지 못했다. 알렉산드로스 사후, 여러 장군들이 서로 권력을 차지하기 위해 끊임없이 전쟁을 일으켰기 때문이다. 이 과정에서 헬레니즘 제국이 축적해온 물적 자원과 인적 기반은 빠른 속도로 소모되고 말았다. 계속된 전쟁의 결과는 참혹했다. 몇백 년 뒤 로마가 침략하자 헬레니즘 세계의 여러 왕국은 모두 힘없이 패망해버리고 말았다.

03

헬레니즘 시대에 새로운 철학이 발달하다

헬레니즘 철학은 서양 철학의 한 시대를 일컫는 말로 헬레니즘 문명에서 전개된 철학을 의미한다. 헬레니즘 시대에는 그리스 고전기에 나타난 철학과 매우 다른 철학이 나타났다.

헬레니즘 시대는 여러 민족이 융합하고 새로운 문명이 교류하는 급격한 변화의 시대였다. 사람들의 생활공간은 크게 확대되었고, 사방에서 전쟁이 끊임없이 계속되었다.

이 불안한 시대에 유행했던 여러 철학 사조들은 한결같이 인간이 겪게 되는 고통으로부터 해방되는 길을 찾아내고자 했다. 헬레니즘 시대에 제일 먼저 유행했던 철학 학파는 견유학파였다. 기원전 350년경 디오게네스는 '정직한' 인간이 되고자 노력했으며, 모든 인습과 인위적인 행위를 거부했다. 디오게네스는 인간의 도덕과 관습마저도 타파해야 한다고 주장했다. 그는 몸소 사람들이 많이 다니는 시장을 거닐다가 배설을 하는 등의 각종 기행을 일삼았다. 사람들은 그의 모습에서 본능대로 살아가는 개를 떠올렸다. 그래서 디오게네스의 무리를 '견유학파(犬儒學派)'로 불렀다.

견유학파는 이성을 거부하였고, 모든 사람이 자신의 필요를 충족시킬 수 있는 능력을 자기 내부에서 함양해야 한다고 주장했다. 디오게네스는 국경을 초월하여 어느 국가에도 속하지 않는 자유로운 사람이었다. 어떤 사람이 당신은 어느 나라 사람이냐고 묻자 디오게네스는 "나는 세계의 시민이다"라고 대답했다는 일화가 있다. 이러한 보편주의를 '코스모폴리타니즘'이라고 부른다.

그러나 급진적이고 극단적인 견유학파는 헬레니즘 시대를 대표하는 주류 사상이 되지는 못했다. 대신 스토아학파와 에피쿠로스학파가 크게 유행했다. 스토아학파의 창시자 제논과 에피쿠로스학파의 창시자 에피쿠로스는 모두 아테네에서 활동했다.

이 두 철학은 겉으로 보면 매우 다르지만, 몇 가지 공통점을

제4장 헬레니즘 시대에 꽃핀 독창적인 문화

가지고 있었다. 두 학파 모두 인간의 감정보다 이성을 강조했고, 사회 문제를 개선하기보다는 개인의 선을 추구했다. 더 혁신적인 면은 이 두 철학이 그동안 그리스인과 야만인을 구분하던 전통을 혁파했다는 점이다. 이들은 모든 인간을 보편적인 관점으로 평등하게 바라봤다는 점에서 새로운 시대를 열었다.

스토아학파와 에피쿠로스학파의 관점에서 보면, 헬레니즘 시대의 인간은 이전의 인간과 달랐다. 이제 인간은 폴리스라는 작은 울타리를 벗어나 드넓은 세계 속에서 보편적인 '세계인'으로 해방되었다.

금욕을 강조한 스토아학파

스토아학파는 키티온의 제논이 창설했다. '스토아(Stoa)'라는 용어는 학자의 이름이 아니다. 스토아는 원래 전방을 기둥으로, 후방을 벽으로 둘러싼 공간을 말하는데, 고대 그리스 여러 도시에서 찾아볼 수 있는 주랑(柱廊)을 의미한다. 제논이 아테네의 주랑, 즉 스토아에서 제자들을 모아놓고 강의를 한 데서 스토아학파라는 용어가 유래했다.

스토아학파의 사상가들은 헬레니즘 제국 시대를 극도로 불안한 시대로 이해했다. 그래서 이들이 보기에 불안한 시대를 사는 개인들은 추상적인 공론이나 정치적·사회적 현실에 자신을 맡길 수 없었다. 불확실한 시대에 확실한 것은 자기 자신의 의식과 감각을 통해 얻을 수밖에 없었다.

이러한 전제 위에서 스토아학파의 사상가들은 인간의 행복이 정신과 영혼의 안정에 있다고 보았다. 그래서 스토아학파의 사람들은 '아파테이아(apatheia)'라는 정신 상태를 추구했다. 아파테이아는 어떤 것에도 동요를 받지 않는 마음의 상태를 의미한다. 이러한 마음의 상태에 도달하기 위해 스토아학파는 철저한 금욕을 통하여 정신을 안정시켜야 한다고 주장했다.

스토아철학은 '보편성'을 가진 철학이었다. 이 철학은 고대 그리스의 폴리스 문화를 뛰어넘어 세계국가를 건설하고자 했던 알렉산드로스의 뜻을 뒷받침해줄 수 있는 사상이었다. 이 철학은 헬레니즘 제국의 지배하에 놓인 사람들에게 '세계시민'이 되기를 촉구했다.

스토아철학의 이상에 따르면, 이제 인간은 자유와 평등을 보장받게 됐고, 철저한 개인주의에 입각해 살아갈 수 있었다. 실제로 이러한 이상에 매료되어 다수의 '이방인'이 스토아철학을 추종하게 되었다.

실제로 이 사상은 그리스 본토의 주민보다도 소아시아의 신흥 무역도시 출신의 셈계(系) 사람들로부터 환영을 받았다. 이 철학을 추종하는 사람들의 출신 계층과 직업도 상인의 자제나 학생, 노예 등으로 매우 다양했다. 그들은 외적인 권위나 세속적인 욕망을 멀리하고 금욕적인 태도를 취했다.

하지만 알렉산드로스 제국에서 이러한 스토아학파의 이상이 그대로 실현된 것은 아니었다. 실제 정치에서는 강력한 전제군주제가 실시됐던 것이다. 그뿐 아니라 알렉산드로스 제국은 그리스적인 '노예제도'를 바탕으로 운영되었다. 결국 스토아학파의 사상가들이 주장했던 세계시민과 같은 이상적인 이념은 지배층을 구성하는 일부 시민들에게 한정된 것이었다.

만약 오랫동안 전제군주의 통치를 받았던 오리엔트의 수많은 민족이 스토아학파의 가르침에 따라 세계시민으로 '해방'된다면, 어떤 일이 일어났을까? 아마도 전국 각지에서 반란이 일어나고 내전이 발생하지 않았을까? 그렇다면 헬레니즘 시대는 아마 훨씬 더 빨리 끝나고 말았을 것이다.

그러나 이러한 한계에도 불구하고, 스토아철학의 논리는 훗날 로마인이 거대한 제국을 세울 때에도 큰 영향을 미쳤다. 로마는 스토아학파의 이념을 수용하여 시민권을 골고루 분배하고 이민족에 대한 차별을 완화하여 세계시민의 이상에 한 걸음 더 다가

• 라파엘로가 바티칸 사도궁 내부의 벽면에 그린 아카데미 학당

시대가 맞지 않는 고대 그리스 세계의 여러 인물이 아테네의 아카데미 학당에 모여 있는 모습을 그린 상상화. 소크라테스의 이야기를 진지하게 듣고 있는 알렉산드로스 대왕의 모습이 보인다. 그 왼쪽 하단에는 아이를 안고 있는 제논의 모습도 보여 흥미롭다. 알렉산드로스와 대면한 적이 있는 철학자 디오게네스도 계단에 홀로 드러누워 있다.

갔다. 스토아철학은 로마 제국의 여러 황제로부터 큰 관심을 끌었다. 『명상록』이라는 책을 저술한 것으로도 유명한 마르쿠스 아우렐리우스 황제는 스토아철학에 조예가 깊었고, 평생 동안 금욕과 자기 절제를 통해서 많은 이들의 존경을 받았다.

로마 제국의 치하에 있던 이집트의 사상가에게도 스토아철학은 큰 영감의 원천이 되었다. 알렉산드리아의 클레멘스나 오리게네스와 같은 크리스트교 사상가들은 크리스트교를 신학으로 체계화할 때 스토아철학의 관점을 적극적으로 활용했다. 스토아 사상은 중세 시대 이후에도 유럽의 철학·종교·문학 분야에서 커다란 영향을 미쳤다.

정신적인 쾌락을 강조한 에피쿠로스학파

에피쿠로스학파는 에피쿠로스에 의해서 창시된 철학 학파이다. 에피쿠로스는 매우 자유분방한 사상가였다. 그가 남긴 저서는 대부분 유실되었으나 일부 편린을 통해 그의 사상을 이해할 수 있다. 그는 자신의 저서에서 이렇게 주장했다.

"만약 아름다움과 미덕이 인간에게 즐거움을 준다면 존중받아야
하지만, 그렇지 못하다면 우리는 그것을 버려야 한다."

이러한 생각은 당시로서는 파격적인 것이었다. 고대 그리스인에게 아름다움과 미덕은 거의 동일한 개념이었다. 그리스인은 이상적인 아름다움을 선한 미덕과 분리시킬 수 없다고 생각했다. 그리스인들이 보기에 미덕이 없는 아름다움, 아름다움이 없는 미덕은 불완전한 것이었다.

반면에 에피쿠로스학파의 목표는 정신적 쾌락과 즐거움의 추구였다. 에피쿠로스학파의 사상가들은 철학을 쾌락 추구의 수단으로 생각했다. 이 때문에 에피쿠로스학파는 금욕적인 스토아학파와는 전혀 다른 철학처럼 보인다. 그러나 에피쿠로스학파에서 말하는 쾌락주의는 일반적으로 쓰이는 의미와 약간 다르다. 그들에게 인생의 목적은 행복 추구인데, 이들이 말하는 행복이란 육체적·감각적 쾌락이 아닌 일종의 정신적 쾌락이다. 이들은 언제라도 마음이 '어지럽혀지지 않은 상태', 즉 '아타락시아(ataraxia)'의 상태를 최고의 쾌락으로 봤다. 에피쿠로스학파의 사상가들은 각 개인에게 아타락시아를 추구하기 위해서 공적인 생활을 단념하고 숨어서 조용히 살라고 권하기도 했다.

에피쿠로스학파의 이론은 일견 쾌락을 추구하는 것처럼 보이지만 사실은 이 학파도 스토아학파와 마찬가지로 금욕을 강조했다. 실제로 에피쿠로스학파의 사상가들은 정신적인 훈련을 강조했다. 인간이 쾌락을 만끽하기 위해서는 먼저 많은 수양으로 단련돼야 한다고 생각했던 것이다.

이러한 에피쿠로스의 사상이 로마제정 초기에는 그대로 받아들여졌지만, 로마 제국 말기에는 난잡하고 문란한 쾌락주의로 왜곡되어 받아들여졌다. 실제로 로마 제국 후기에 퇴폐하고 문란한 문화가 발달한 것을 에피쿠로스 사상의 유행 때문인 것으로 보는 경향이 많다. 그뿐 아니라 헬레니즘 미술에서 찾아볼 수 있는 감각적이고 관능적인 측면도 이 에피쿠로스학파의 영향으로 보는 관점이 주류를 이룬다.

하지만 에피쿠로스의 초기 사상은 퇴폐나 문란과는 동떨어진 것이었다. 이 점은 에피쿠로스가 남긴 여러 제자의 평판을 통해서도 알 수 있다. 언뜻 생각해보면 그의 제자들이 다 쾌락을 추구해서 사람들에게 존경을 받지 못했을 것 같지만, 사실은 정반대였다. 에피쿠로스의 추종자들은 많은 사람들로부터 존경을 받았다.

에피쿠로스의 제자 가운데 그리스어로 철학서를 펴낸 메트로도로스, 에피쿠로스의 사상을 라틴어 철학시(哲學詩)로 정리해낸 로마의 시인 루크레티우스가 특히 유명하다. 메트로도로스는 람프사코스의 사람으로 열렬한 에피쿠로스의 추종자였다. 그는 스승보다 7년 앞서 쉰세 살에 타계하기까지 그의 곁을 거의 떠나지 않을 정도로 충성스러웠다고 전해진다. 선량한 사람으로 잘 알려진 메트로도로스는 죽음 앞에서 조금도 동요하지 않고 의연했다고 한다.

에피쿠로스학파 역시 스토아학파와 마찬가지로 철저한 개인주의를 추구한다. 그런데 에피쿠로스학파는 이 관점을 더 극단적으로 밀고 나갔다. 이들은 국가라는 기관도 개인의 행복, 즉 정신적인 쾌락을 위해 만들어진 것이라고 보았다. 그들이 보기에 국가는 개인의 행복 추구를 돕는 도구에 지나지 않았다.

이 논리를 따라가다보면, 만약 국가가 개인의 행복을 막는다면, 국가는 더 이상 불필요한 존재가 되어버리고 만다. 이러한 과격한 사상은 훗날 유럽의 근대 사상가들을 통해서 더 구체화되었다. 사회계약설을 주장한 사상가 로크가 17세기에 저항권 사상을 제시했던 것이다. 에피쿠로스 사상은 시대를 2,000년이나 앞서간 급진적 사상이었음이 틀림없다.

역동적이고 관능적인 예술 작품이 제작되다

헬레니즘 시대에 오리엔트 지역에 새로운 그리스식 도시, 즉 폴리스가 세워졌다. 이 도시들을 거점으로 그리스 문화가 오리엔트 지역의 구석구석까지 침투했다. 이집트의 알렉산드리아, 소아시아의 페르가몬, 시리아의 안디오키아 등이 예술의 중심지가 되었다.

이 도시의 통치자들은 도시를 꾸미기 위해 화려한 건축물을 건설했다. 이제 더 이상 단순한 도리아식이나 단아한 이오니아식이 아니라 호사스럽고 장식이 많은 코린토스 양식의 기둥이 세워졌다. 헬레니즘 시대의 예술 작품은 자연이나 현실을 더 세밀하게 관찰하여 사실적으로 표현하는 경향이 짙어졌다. 예술의 소재도 여러 인종·노인·동물 등으로 다양해졌다. 헬레니즘 시대의 예술가들은 그리스인의 정신을 계승해 더욱 화려한 문화를 꽃피웠다. 하지만 19세기의 일부 학자들은 그리스 고전기의 빛나는 문화가 헬레니즘 시대에 오히려 쇠퇴했다고 주장하기도 했다.

그렇다면 그리스 고전기는 언제이고, 이때 유행했던 예술은 어떤 특징을 가지고 있는가? 고전기는 주로 아테네에서 참주를 쫓아내고 민주주의 제도를 시작한 기원전 510년부터 알렉산드로스가 사망한 기원전 323년까지로 보는 것이 일반적이다.

그리스 고전기의 예술 작품들은 완벽에 가까울 정도로 엄격한 비례, 조화와 균형으로 유명했다. 그리스 고전기 예술품을 보고 있자면, 우아한 아름다움에 흠뻑 젖어들게 된다. 이 시기의 대표적인 예술가로 그리스의 미론을 들 수 있다. 그는 청동상을 제작한 작가로 작품을 통해 현실의 박진감을 나타냈다. 하지만 안타깝게도 오늘날까지 남아 있는 작품은 없는데, 「원반 던지는 사람」만이 다른 조각가에 의해서 똑같이 복제되어 지금까지 전해지고 있다. 이 작품은 원반을 던지는 한 청년의 긴박한 움직임을 순간적으로 포착하여 정밀하게 표현해낸 걸작이다.

고전기의 또 다른 거장으로 페이디아스(기원전 480년경~기원전 430)라는 조각가를 들 수 있다. 그는 청동이나 황금, 상아로 거대한 신들의 상을 제작하여 당시에는 '신들의 제작자'라고 불릴 정도였다. 아쉽게도 그가 남긴 신상들도 오늘날에는 하나도 남아 있지 않다. 다만 그가 감독하여 건설된 파르테논 신전의 장식 조각만이 전해지고 있을 뿐이다.

파르테논 신전은 원래 페르시아 전쟁을 승리로 이끈 아테네 폴리스의 수호 여신 아테나에게 감사를 표하기 위해 바쳐진 것이다. 조각가 페이디아스가 총감독이 되고, 건축가 익티노스와 칼리크라테스의 지도 아래 제작됐다. 기원전 448년에 시작된 공사는 무려 16년이나 걸려 기원전 432년에 마무리됐다.

페이디아스는 높이 12미터에 달하는 「아테나-파르테노스의 상」을 직접 제작했다. 이 상은 목재로 구조를 만든 뒤 상아와 금으로 만든 얇은 판으로 형상을 꾸미는 크리셀레판틴(Chryselephantine)이란 기법을 써서 완성했다.

이 밖에도 페이디아스는 여러 그리스 신전의 장식 조각 제작을 지도했다. 이 장식 조각의 대부분은 긴 세월 동안에 여러 곳으로 흩어지거나 파괴됐다. 하지만 지금까지 전해지는 그의 작품 가운데 가장 유명한 것이 바로 파르테논 신전의 동쪽 박공 군상이다. 「엘긴 마블스」라는 이름으로도 불리는 이 작품은 오늘날 영국박물관(The British Museum)에 소장되어 있다. 페이디아스는 이 작품에서 대리석을 사용해서 인체를 실제 크기와 똑같이 재현해 냈다. 기원전 5세기에 이와 같이 정교한 조각을 할 수 있다는 사실이 경이로울 따름이다.

그런데 아테네의 파르테논 신전에 있어야 할 이 조각상이 왜 영국박물관에 소장되어 있는 것일까? 그리고 이 조각상을 포함한 여러 대리석 작품이 왜 「엘긴 마블스」라는 이름으로 불리게 된 것일까? 우선 엘긴이라는 이름은 1799년 오스만 튀르크 제국에 영국 대사로 부임한 엘긴 백작 토머스 브루스로부터 온 것이다.

당시 그리스는 오스만 튀르크 제국의 지배를 받고 있었다. 엘긴 백작은 대사로 부임하자마자 아테네의 파르테논 조각상에 대해 면밀히 조사했다. 그는 튀르크 당국의 허가를 얻어 신전을 스케치하고 실측했는데, 이 허가에 파르테논 신전 조각상 중 일부를 떼어 영국으로 가져가도 좋다는 내용이 담겨 있었다고 주장했다.

1812년 엘긴 경은 오스만 튀르크 당국의 묵인 아래 파르테논 신전에 있던 대리석 조각상들을 뜯어내 영국으로 가져갔다. 그래서 이 대리석 조각이 영국박물관에 전시되어 현재에 이르고 있는 것이다.

또한 헬레니즘 시대에는 새로운 양식의 예술이 유행했다. 이 시대에는 고전기 시대의 그리스 예술품과 달리 격정적이고 감각적이며 관능미가 넘치는 두드러진 예술 작품들이 나타났다. 관능성에 대한 관심은 여신의 형체를 신적인 차원에서 인간 차원으로 끌어내렸다. 그리고 예술가들 사이에도 세부 분야에 따라 전문화가 이루어졌다. 어떤 예술가들은 감정 묘사에 능숙했으며, 또 어떤 이들은 서정적인 분위기나 세심한 정서를 표현하는 데 뛰어났다.

「라오콘 군상」, 격렬한 감정을 역동적으로 표현하다

헬레니즘 시대를 대표하는 조각으로 「라오콘 군상」을 꼽을 수 있다. 이 조각상은 고대 트로이 전쟁에서 일어났다고 전해진 사건을 묘사한 작품이다. 전설에 따르면 트로이의 신관 라오콘은 트로이인에게 그리스군이 보낸 목마를 성안에 들이지 말라고 경고했다. 그러자 바다를 다스리는 신 포세이돈이 라오콘과 그의 두 아들을 죽이려고 뱀 두 마리를 보냈다. 죽음에 이르기 직전에 세 명의 트로이인이 몸서리치며 절규하는 모습은 몹시 극렬할 뿐 아니라 대단히 자극적이다. 원래 두 아들은 장성했기 때문에

라오콘과 같은 크기로 만들어야 했지만, 이 작품을 만든 예술가는 라오콘을 강조하기 위해서 라오콘만 크게 만들었다고 한다.

기원전 2세기 말에 만들어진 것으로 보이는 이 작품은 1506년 로마에서 발굴된 이후 지금까지 바티칸 박물관에 전시되고 있다. 이때는 이탈리아 전역에 르네상스 열풍이 불고 있을 무렵이었다. 이 작품에 나타난 격렬한 감정과 신체의 역동적인 표현은 그 당시 활동했던 미켈란젤로 부오나로티에게 큰 영감을 주었고, 이후의 서유럽 예술에도 지대한 영향을 미쳤다.

「제우스 제단」, 신과 거인들의 싸움을 묘사하다

헬레니즘 시대의 건축적 특징을 잘 보여주는 대표적 사례를 꼽으라면 「제우스 제단」을 들 수 있다. 이 제단은 소아시아를 지배했던 아탈리드 왕조에 의해 기원전 170년경 페르가몬에 건립되었다. 건축 기둥은 전통적인 이오니아 양식을 따르고 있으나, 제단 아래 부분의 조각은 고전기의 조각과 확연히 다른 면모를 보여준다. 이 조각은 신과 거인들의 싸움을 주제로 다루고 있다.

그리스 고전기의 조각이 조화와 균형의 아름다움을 발산한다면, 이 제단의 조각은 격정적이고 극적이다. 그리스인이 이른바 '파토스(Pathos)'라 불렀던 격앙된 비극적 정서가 진하게 묻어나

* **제우스 제단**

  기원전 3세기에 소아시아에 세워진 페르가몬 왕국은 헬레니즘 시대에 화려한 문화를 꽃피웠다. 이 구조물은 기원전 2세기경 아크로폴리스에 세운 거대한 제단이다. 현재 독일 베를린의 페르가몬 박물관 안에 전시되어 있다.

온다. 끔찍하게 보이는 거인족들이 신들로부터 공격을 받자 고통으로 몸부림치는 장면이 계단을 따라 인상적으로 펼쳐져 있다. 이 일련의 조각은 고전기의 조각에서는 받을 수 없는 강렬한 인상을 남긴다.

「사모트라케의 니케」, 승리의 기쁨을 마음껏 표현하다

헬레니즘 예술의 황금기를 화려하게 수놓는 「사모트라케의 니케」는 기원전 200년경에 제작된 명작이다. 연구에 따르면 로도스섬의 주민들이 에게해에서 일어난 해전에서 승리한 것을 기념하는 의미에서 사모트라케라는 섬에 세운 것이라고 한다. 1863년 오스만 튀르크 제국의 프랑스 영사로 근무하던 샤를 샴푸아소가 사모트라케에서 이 조각상을 발견했다. 이후 1884년부터는 루브르 박물관에 전시되어 오늘에 이르고 있다.

비록 두 팔과 머리가 떨어져나갔지만, 이 작품은 침착함·우아함·균형감을 유감없이 보여준다. 이 작품에서 영감을 받아 미국

- 「사모트라케의 니케」
  기원전 3세기~기원전 2세기 사이에 제작된 것으로 추정되는 작품이다. 그리스 신 가운데 승리의 여신 니케의 역동적인 모습을 표현한 대리석상이다. 머리와 양팔이 떨어진 채로 1863년 프랑스인에 의해 발견되어 현재까지 프랑스 루브르 박물관에 소장되어 있다.

제4장 헬레니즘 시대에 꽃핀 독창적인 문화

의 스포츠 브랜드 나이키 사의 로고가 만들어졌다는 것은 유명한 이야기이다.

멜로스의 「아프로디테」, 여신의 관능미를 유감없이 드러내다

멜로스의 「아프로디테」 상은 멜로스(밀로)섬에서 발견됐다는 이유로 흔히 '밀로의 비너스'로 불린다. 그리스 신화 속 미(美)의 여신 아프로디테는 로마인에게 비너스로 불렸다. 이 조각상은 관능미가 넘치는 여신의 아름다움을 절묘하게 표현한 전형적인 예이다. 고졸기(古拙期, archaic)나 고전기의 여신이 대체로 옷을 입은 모습으로 표현된 데 비해, 기원전 4세기부터는 나체의 모습으로 묘사되고 있다는 점도 주목할 만하다.

이 조각상의 관능성을 훨씬 감각적이고 매력적으로 만들어준 것이 바로 콘트라포스토 기법이다. '대치하다' 또는 '대조하다'라는 의미의 이탈리아어 콘트라포스토(Contrapposto)는 인체의 중앙선을 S자형으로 그려내는 기법을 일컫는다. 기원전 6세기까지만 해도 그리스 고졸기의 인물상은 정면을 향해 꼿꼿하게 서 있었다. 그러다가 기원전 5세기경 그리스 고전기 이후로 이런 기법이 사용되기 시작하여 헬레니즘 시대에도 계속되었다.

헬레니즘 시대에는 이국적이고 새로운 것에 대한 관심이 늘어났다. 그리하여 심지어 이민족마저 조각의 소재로 선택하는 경우도 있었다. 페르가몬을 침략했던 갈리아족은 물론이고, 아프리카의 흑인, 남러시아의 스키타이인을 소재로 한 조각도 이 시대에 나타났다. 그리스인과 다른 골격을 지닌 이방인의 모습은 헬레니즘 시대 조각가들로부터 큰 호기심을 불러일으켰을 것이다.

이러한 예술 작품들을 에피쿠로스사상과 관련하여 살펴볼 수 있다. 이 시기의 예술가들은 그리스인들이 추구하던 아름다움을 초월하여 관능적이고 격정적인 아름다움을 표현했다. 헬레니즘 시대에 그려낸 비너스는 더 이상 아름답고 선한 여신이 아니었

• **멜로스(밀로)섬에서 발견된 「아프로디테(비너스)」 상**
미의 여신 아프로디테를 대리석으로 묘사한 이 작품은 기원전 130년~기원전 100년 사이에 제작된 것으로 알려져 있다. 1820년에 밀로섬의 한 농부가 우연히 이 조각상을 발견했다. 이 작품은 오스만 제국에 주재하고 있던 프랑스 외교관들의 집요한 노력 끝에 1821년, 파리로 옮겨졌다. 현재 파리 루브르 박물관에 소장되어 있다.

다. 비너스는 이제 관능적인 여성의 모습으로 다시 태어났다. 그리고 「사모트라케의 니케」는 더 이상 고고한 자태를 뽐내지 않는다. 승리의 여신으로서 승리의 기쁨을 마음껏 만끽하는 모습일 뿐이다. 또한 이러한 측면에서 보면 「라오콘 군상」은 정신적 쾌락과 대조되는 죽음의 고통을 적나라하게 묘사하고 있다.

간다라 미술이 꽃피다

헬레니즘 시대에 인도에서는 간다라 미술이 꽃을 피웠다. 간다라 미술은 1세기~3세기경 그리스의 헬레니즘 문화와 인도의 불교문화가 결합하여 나타난 새로운 형태의 미술 사조이다. 간다라는 현재의 파키스탄 북부와 아프가니스탄 동부에 자리했던 고대 왕국들(마하자나파다스) 중 하나의 이름이다. 간다라 왕국은 페샤와르 계곡, 포토하르고원과 카불강 유역에 위치했다.

간다라 왕국은 기원전 6세기에서 서기 11세기까지 지속되었는데, 1세기에서 5세기까지 불교도였던 쿠샨 왕조의 왕, 특히 카니슈카 왕 치세에 전성기를 누렸다. 왕국은 지리적으로 동과 서를 잇는 교통의 요충지로서, 유럽·인도·중앙아시아·서남아시아 간의 문화 교류와 민족 이동의 통로로서 기능했다.

간다라는 이 같은 지리적 위치 때문에 일찍이 여러 민족의 침략을 받았다. 기원전 1500년경 인도로 진출한 아리아인이 이 지역의 초기 지배자였고, 페르시아인·그리스인·인도인·중앙아시아 출신의 샤카족·쿠샨족·에프탈족·돌궐족도 이 지역을 통치했다. 이러한 과정에서 자연스럽게 간다라 지방에는 다양한 문화가 융합된 독특한 문화가 형성됐다.

간다라 미술이 등장하게 된 배경에는 두 가지 큰 요소가 있었다. 우선 알렉산드로스의 원정 이후 헬레니즘 문화가 인도에 전파된 것이 가장 큰 사건이었다. 헬레니즘 시대에는 그리스 본토에서 제작된 다양한 그리스식 조각상이 오리엔트 전역으로 퍼져나갔다. 간다라 왕국에 살던 불교도도 이 조각상을 많이 접하게 되었던 것이다.

게다가 그 당시 인도 북부 일대에는 대승 불교가 크게 유행했다. 원래 석가모니(고타마 싯다르타)가 불교를 전파한 이후로 첫 400년 동안 불상은 제작된 일이 없었다. 대신 보리수나 빈 대좌, 발자국 등으로 석가모니의 존재를 상징적으로 표현했을 뿐이다. 그리고 석가모니의 유골을 숭배하기 위해 스투파(탑)를 건설하는 일이 성행했다.

그런데 기원전 1세기 전후로 이 지역에서 유행했던 대승 불교는 석가모니를 신적인 존재로 여겨 불상의 모습으로 형상화하는

데 적극적이었다. 이러한 배경 위에서 간다라 지방에서 대규모로 불상을 제작하는 일이 활발히 진행됐던 것이다.

간다라 불상은 주로 커다란 천을 몸에 두르고 장신구를 걸치지 않은 모습으로 그려졌다. 물결 모양의 머리카락, 오똑한 코, 입체적이고 굵은 옷 주름 등이 그리스 조각상으로부터 많은 영향을 받았다는 것을 쉽게 보여준다. 그리고 인체의 비율까지 매우 사실적으로 표현된 것을 보면, 그리스 조각의 영향을 강하게 받았다는 사실을 눈으로 직접 확인할 수 있다.

간다라 미술은 약 4세기경까지 전성기를 누렸으나 5세기경부터는 서서히 쇠락의 길로 접어들었다. 6세기 이후에는 불교의 중심지가 바미안 일대로 서서히 옮겨갔다. 바미안 지역에 남아 있는 수백여 개의 석굴과 벽화를 통해 그 당시 이 지역에서 불교의 열기가 얼마나 뜨거웠는지 알 수 있다.

9세기가 되자 간다라 지역에서는 힌두교가 큰 영향을 미치기 시작했다. 힌두교를 믿는 샤히 왕조가 들어섰기 때문이다. 하지만 이 왕조도 오래가지는 못했다. 10세기 말에는 아프가니스탄의 가즈니에서 가즈니 왕조가 일어나 샤히 왕조를 무너뜨렸다. 가즈니 왕조는 아프가니스탄과 서북 인도 일대를 완전히 장악했다. 이슬람교를 신봉했던 가즈니 왕국 치하에서 간다라 지역의

· 간다라 불상

기원후 1세기~2세기 사이에 간다라 지역에서 제작된 것으로 보이는 부처의 입상(立像)이다. 얼굴의 윤곽과 옷의 주름이 그리스 양식에 대단히 가깝다. 현재 일본 도쿄국립박물관에 소장되어 있다.

불교 미술은 완전히 자취를 감추게 되었다.

　비록 짧은 기간 동안 유행했지만, 간다라 미술은 놀라운 파급력을 보여주었다. 간다라 미술은 인도 본토에 영향을 미쳤을 뿐 아니라 비단길을 통해 저 멀리 동아시아, 즉 중국과 한국에까지 퍼져나갔던 것이다.

　헬레니즘 양식의 「아폴론」 상이 간다라에서 불상 조각으로 변모했다가, 중국에 가서 룽먼(龍門) 석굴의 대불로 변모하더니, 이제는 경주 석굴암의 본존불까지 영향을 미쳤다. 많은 한국인이 알렉산드로스의 오리엔트 원정과 한국사가 전혀 상관이 없다고 알고 있겠지만, 사실은 이렇게 연결될 수 있다.

기원전 4세기에 인도 서북부에 몰아쳤던 거대한 문화 충격의 파도는 잔잔한 물결이 되어 유라시아 대륙의 동쪽 끝까지 전해졌다. 과연 알렉산드로스는 오리엔트 원정의 결과로 간다라 미술이 생겨나고, 이것이 동아시아까지 전파될 것을 상상이나 했을까? 이와 같이 간다라 미술은 동서의 문화가 융합되었을 때 발생하는 창조적인 영감을 역사적인 사례를 통해 유감없이 보여 주었다.

05

헬레니즘 시대를 밝게 빛낸 학자들

헬레니즘 시대에는 과학도 크게 발달했다. 그리스인의 세계관은 과거 폴리스 단위를 넘어 이제 세계를 바라보는 관점으로 확대됐다. 그리스인은 폴리스 차원의 소규모 도시국가의 관습으로는 전제주의 통치 방식에 익숙한 오리엔트인을 통치할 수 없었다. 그리스인이 종전에 가지고 있던 폴리스의 지역에 국한된 문화는 헬레니즘 시대에 와서 질적으로 큰 변화를 보였다. 그 결과, 헬레니즘 시대에는 보편적·세계시민적·개인주의적인 성격의 문화가 유행했다. 이런 변화는 철학·예술·과학 등 다방면에 걸쳐 일어났다.

제4장 헬레니즘 시대에 꽃핀 독창적인 문화

헬레니즘 시대에 발전한 과학

헬레니즘 시대에 자연과학 분야에서 유명한 학자가 많이 배출됐다. 사모스섬 출신의 아리스타르코스는 이집트 알렉산드리아 일대에서 연구 활동에 매진한 천문학자였다. 그는 최초로 지동설을 주장했던 인물로 유명하다.

유클리드라고도 불리는 수학자 에우클레이데스는 기하학을 정립했고, 아폴로니우스는 삼각법을 발명했다. 물리학에서는 아르키메데스가 목욕탕에서 부력의 원리를 발견했다고 전해진다. 그가 벌거벗은 채 알렉산드리아의 거리로 뛰쳐나왔다는 일화는 너무 유명하다. 이때 그가 외쳤던 그리스어, '유레카(eureka)'는 '내가 발견했다'라는 뜻이다.

이 시대에는 지리 개념이 크게 확장되면서 지리학이 발달했다. 에라토스테네스는 과감하게도 지구의 둘레를 계산해냈다. 그가 도출한 수치는 오늘날 첨단 과학기술로 밝혀낸 수치와 거의 차이가 없을 정도로 정교했다.

헬레니즘 시대에 꽃핀 인문학

헬레니즘 시대에 학문이 크게 진흥된 것은 알렉산드로스 대왕이 제국 곳곳에 세운 도시 알렉산드리아에 도서관이 들어섰기 때문에 가능한 일이었다. 이 시대에는 국가가 학문의 중요성을 인식하고 도서관 건설에 아낌없이 자금을 투자했다. 그 결과 수많은 학자들이 알렉산드리아 도서관에 소장된 자료를 참고하여 심도 있게 연구를 할 수 있었다.

헬레니즘 시대의 문학 작품들은 수많은 필사자들의 손을 거쳐 현재 우리에게 전해지고 있다. 그러나 아쉽게도 대부분의 작품들은 독창성이나 심오한 사상을 거의 보여주지 못한다.

그래도 오늘날 우리가 주목할 만한 작가들이 여럿 있다. 메난드로스는 헬레니즘 시대를 대표하는 희극 작가였다. 그의 작품은 일반 시민들의 삶을 사실적으로 묘사했고, 인간의 어두운 측면도 있는 그대로 표현했다. 그는 인간이 사랑을 하면서 겪게 되는 고통과 기쁨 등을 솔직하고 과감하게 다루었다.

시인으로 주목할 만한 인물은 기원전 3세기 전반에 활동한 시라쿠사 출신의 테오크리토스이다. 그는 시골 전원의 풍경을 짤막한 시에 담아내었다. 신이나 영웅의 웅장한 이야기가 아니라, 시골 사람이 누리는 소박한 기쁨을 그려낸 그의 시는 헬레니즘 시대에 큰 인기를 끌었다.

폴리비오스, "그리스 문명이 지고 로마 문명이 뜬다"

유능한 역사가로는 기원전 2세기에 살았던 메갈로폴리스의 폴리비오스가 있다. 폴리비오스는 역사에 대한 과학적 접근 방식과 진실을 추구하는 열정에서 투키디데스에 버금갈 정도로 탁월한 역사가였다. 그의 작품은 당대에 엄청난 인기를 끌었다. 그는 전승되어오던 이야기를 신중하게 검증하고 날카로운 이성으로 분석해 엄정한 인과 관계에 따라 역사를 서술했다.

로마가 안티고노스 왕조가 다스리던 마케도니아를 멸망시켰던 기원전 168년, 폴리비오스는 정치적인 소용돌이에 휘말려 로

- **아르키메데스를 묘사한 판화**
  헬레니즘 시대의 철학자이자 과학자인 아르키메데스는 욕조에서 목욕을 하던 중 부력의 원리를 발견했다고 전해진다. 이 장면을 상상하여 표현한, 16세기 한 독일화가의 판화 작품이다.

마로 끌려갔다. 그는 로마에서 무려 17년 동안이나 억류되어 있으면서, 포에니 전쟁의 영웅인 스키피오 장군의 개인 교사 역할을 하기도 했다.

그리스 폴리스 출신이었던 폴리비오스의 눈에 새롭게 부상하는 로마공화정은 부강한 국가의 전형이었을 것이다. 그가 보기에 로마가 갈수록 강성해지는 것과 달리 그리스 문명은 갈수록 약해지고 있었다. 그는 이러한 문제의식을 가지고 여러 정치가와 지식인과 줄기차게 함께 토론을 나누었다.

이러한 독특한 경험 덕분에 폴리비오스는 독창적인 역사관을 확립할 수 있었다. 그가 남긴 『역사(Historia)』 제6권에는 정체순환론(Anacyclosis)이라는 독특한 역사 이론이 제시되어 있다. 정치 체제는 일반적으로 왕정에서 귀족정으로, 다시 귀족정에서 민주정으로 순환한다는 이론이다. 그는 이러한 순환을 막기 위해서는 왕정과 귀족정, 민주정을 혼합한 혼합정체를 실시해야 한다고 주장했다.

폴리비오스는 로마 공화정이야말로 실제로 이런 이상을 실시하고 있기에 막강한 국력을 자랑할 수 있다고 봤다. 폴리비오스가 보기에 로마공화정은 집정관을 통해 군주제의 특성을 가지고 있고, 원로원과 민회를 통해서 각각 귀족제와 민주제의 원리를 구현하고 있었다.

이와 같이 헬레니즘 시대에 과학·수학·인문학 등 여러 분야에서 많은 성취가 있었다. 그리고 이러한 성과는 이후 로마 제국으로 흘러들어갔다.

알렉산드로스의 이야기를 다룬 영화

오늘날 대중문화 속에서 헬레니즘 제국의 시대상을 살펴보기란 쉽지 않다. 일찍이 미국에서 〈알렉산더 대왕(Alexander the Great)〉이라는 영화가 1956년에 제작됐다. 장장 2시간 23분의 이 영화를 만든 감독은 로버트 로센이었다. 그는 이 작품으로 미국감독조합상 영화 부문 최우수 감독상을 받았다. 하지만 이후로 오랫동안 알렉산드로스에 대한 영화는 나오지 않았다.

이미 10년도 더 전에, 올리버 스톤 감독의 2004년 작 〈알렉산더(Alexander)〉가 나왔을 뿐이다. 그리스 세계를 다룬 작품들은 종종 나왔다. 잭 스나이더 감독의 2006년 작 〈300〉은 알렉산드로스의 시대보다 약 150년 정도 앞선 시기에 일어난 페르시아 전쟁을 다루고 있다. 알렉산드로스의 삶은 드라마틱하고 웅장하지만, 영화 감독이 막상 스크린으로 실감나게 담아내기에는 어려운 것 같다. 대규모 전쟁 장면을 담아내는 데에도 막대한 예산을 필요로 할 것이다.

2004년 작 〈알렉산더〉는 마케도니아 왕 알렉산드로스 대왕의 생애를 그렸다. 이 작품은 그 당시 호화 캐스팅으로 많은 관심을 받았다. 콜린 패럴이 알렉산드로스 대왕 역할을 했고, 안젤리나 졸리가 알렉산드로스의 어머니인 올림피아스 역할을, 그리고 발 킬머는 카리스마 넘치는 필리포스 2세 역할을 했다. 이 밖에도 연륜이 깊은 앤서니 홉킨스가 늙은 프톨레마이오스, 제러드 레토가 알렉산드로스의 절친한 친구인 헤파이스티온, 로사리오 도슨이 알렉산드로스의 아내 록사나, 크리스토퍼 플러머가 알렉산드로스의 스승인 아리스토텔레스 역할을 담당했다.

이 영화는 대규모 전쟁 장면을 잘 그려낸 것으로 유명했다. 특히 가우가멜라 전투와 인도 원정은 대단히 치밀하게 묘사되었다. 또한 고대 그리스인과 페르시아인의 의상이 매우 정확하게 고증되어 있어 화려한 고대 세계의 영광을 엿볼 수 있다.

이 영화의 묘미는 알렉산드로스의 영웅적인 모습보다 인간적인 고뇌를 볼 수 있다는 데 있다. 영화에서 알렉산드로스는 불굴의 의지와 초인적인 능력을 가진 반인반신의 초인이 아니다. 인간적인 고뇌와 외로움을 토로하는 연약한 인간일 뿐이다. 전설적인 역사적 사실 뒤에 우리와 똑같이 아파하고 괴로워했던 한, 알렉산드로스의 인간적 면모를 생각해볼 수 있다는 점에서 이 영화는 깊은 울림을 준다.

국내에서도 이 영화가 개봉되어 160만 명 관객이 영화관을 찾았다고 한다. 각종 블록버스터 영화가 넘쳐나는 요즘, 2시간 55분이나 되는 이 장편 영화는 다소 밋밋하고 지루하게 느껴질 수 있다. 하지만 역사적 사실에 기초하면서도 감독의 깊이 있는 해석이 담겨 있는 이 영화는 단연 명작 중의 명작이라 할 만하다.

알렉산드로스의 이야기를 영화로 제작해본다면…

알렉산드로스의 생애는 실로 파란만장했다. 그는 역사상 어느 누구도 실현하지 못한 일들을 성취했다. 그러나 그의 화려한 생애가 영화로 자주 그려지지는 않았던 것 같다.

만약 당신이 영화 감독이라면 알렉산드로스의 이야기를 어떻게 표현할 것인지 상상해보자. 그의 인생 전반기를 주로 다룰 것인가, 아니면 인생 후반기를 주로 다룰 것인가? 그의 전쟁 장면을 주로 다룰 것인가, 아니면 그의 인간 관계를 주로 다룰 것인가? 시간 순서대로 플롯을 짤 것인가, 아니면 주요 사건 중심으로 플롯을 짤 것인가? 마지막으로 어떠한 배우를 알렉산드로스로 캐스팅할 것인가? 다음 표 안에 주요 장면의 이미지(또는 콘티)를 구상하여 그려 넣어보자.

- **알렉산드로스의 이야기를 다룬 영화 포스터**

  1954년에 로센 감독은 〈알렉산더 대왕〉이라는 제목으로 장편 영화를 제작했다(왼쪽).

  2004년에 스톤 감독이 발표한 영화 〈알렉산더〉는 알렉산드로스의 인간적인 고뇌를 그린 영화로 호평을 받았다(오른쪽).

배역	내가 캐스팅할 배우	그 이유
알렉산드로스		
필리포스		
파르메니온		
아리스토텔레스		
올림피아스		
프톨레마이오스		
헤파이스티온		
록사나		

시간	주요 내용 설명	주요 장면 이미지(콘티)
시작~20분		
20분~40분		
40분~60분		
60분~80분		
80분~100분		
100분~120분		
120분~140분		
140분~160분		

●

기원전 323년, 알렉산드로스 대왕이 사망한 이후로 많은 것이 달라졌다. 여러 장군 사이에서 권력 다툼이 일어나 제국은 크게 셋으로 나뉘었다. 하지만 이세 왕국, 즉 마케도니아 왕국, 셀레우코스 왕국, 프톨레마이오스 왕국의 운명도 오래가지 못했다. 기원전 146년이 되자 이탈리아반도에서부디 세력을 확장하던 로마가 그리스 본토와 마케도니아를 정복했던 것이다. 기원전 31년 악티움 해전에서 클레오파트라가 이끄는 이집트가 패망하면서 프톨레마이오스 왕조의 이집트마저 로마에 정복되었다. 이로써 알렉산드로스가 남긴 유산은 이대로 영원히 잊히는 것처럼 보였다. 하지만 근대 이후 알렉산드로스 대왕의 업적은 다시 조명을 받게 되었는데, 그 이유는 무엇일까?

●

헬레니즘 제국의
멸망과 부활

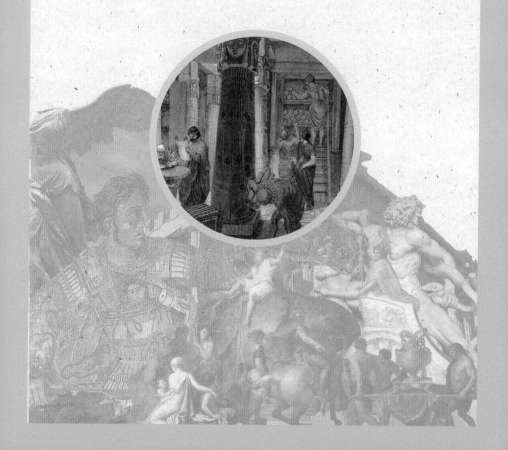

01

세 왕국 사이의 전쟁으로
헬레니즘 세계, 혼란에 빠져

알렉산드로스 대왕이 사망한 기원전 323년 이후로 여러 장군 사이에서 권력 다툼이 일어나 제국은 붕괴되고 크게 세 개의 나라로 쪼개졌다. 그 세 나라는 그리스 본토를 차지했던 마케도니아 왕국, 옛 페르시아의 땅을 차지했던 셀레우코스 왕국, 이집트 지역을 차지했던 프톨레마이오스 왕국이었다.

알렉산드로스 사후 가장 두각을 나타낸 인물은 카산드로스였다. 그는 알렉산드로스 휘하의 명장이었던 안티파트로스의 아들이었다. 야심이 많았던 카산드로스는 아버지의 뒤를 이어 마케도니아 일대를 통치하고자 했다. 그리하여 알렉산드로스의 이복

누이인 테살로니카와 결혼함으로써 자신을 왕족의 가문과 연결시켰다. 결혼 이후 그는 자신의 야심을 유감없이 잔인하게 드러냈다. 그리고 기원전 316년, 자신의 계획을 방해하던 알렉산드로스의 어머니 올림피아스를 처형했다. 더 나아가 알렉산드로스가 아끼던 아내 록사나와 유명무실한 왕 알렉산드로스 4세를 독살했고, 알렉산드로스 대왕의 사생아 헤라클레스마저 독살했다. 그뿐 아니라 그는 안티고노스 1세의 궁정인사들과 프톨레마이오스 1세, 리시마코스와 연맹해 안티고노스에 대항하는 세력을 형성했다.

한편, 아나톨리아반도를 차지하고 있던 안티고노스는 카산드로스의 권력에 도전장을 내밀었다. 그는 그리스의 여러 폴리스에 정치적 자유를 주겠다며 협조를 구했다. 그리하여 그리스 일부 지역에서 대대적인 반란이 일어나게 됐다. 기원전 307년 안티고노스의 아들 데메트리오스가 카산드로스로부터 아테네를 탈환했다. 이로써 아테네에서는 한동안 민주주의 정치 체제가 복원됐다.

마케도니아 왕국이 흥망성쇠를 겪다

기원전 306년 안티고노스를 필두로 장군들이 왕의 칭호를 사용하기 시작했다. 이제 헬레니즘 제국은 여러 왕국으로 분열되기 시작했다. 기원전 301년 카산드로스와 다른 왕들이 연합하여 이프소스 전투에서 안티고노스의 세력을 물리쳤다. 이 전투에서 안티고노스가 패하여 죽자, 카산드로스는 마침내 자신의 계획대로 마케도니아의 주도권을 장악했다. 하지만 그 역시 불과 몇 년 후에 수종이 악화되어 허망하게 사망하고 말았다.

이후 카산드로스의 장남 필리포스가 마케도니아의 왕위를 계승했지만, 그도 곧 병에 걸려 죽고 말았다. 훗날 안티고노스의 아들 데메트리오스 1세가 카산드로스의 가족을 다 죽임으로써 카산드로스 가문은 멸족이라는 대가를 치렀다.

데메트리오스는 이제 마케도니아 왕국의 왕위에 올라 그리스 지역 대부분을 장악했다. 하지만 그는 기원전 285년 그리스 연합의 공격에 패하여, 그리스 세계의 지배권을 트라키아의 리시마코스에게 넘겨주고 말았다. 불과 5년 후(기원전 280) 리시마코스가 전사하자, 마케도니아의 왕위는 데메트리오스의 아들 안티고노스 2세에게 돌아갔다. 당시 발칸 지역에서 살았던 갈리아인이 그리스를 침략해 오자, 마케도니아의 안티고노스 왕조와 안티오케이아의 셀레우코스 왕조는 동맹을 맺었다.

안티고노스 2세의 통치는 상대적으로 안정적으로 유지됐다.

그는 기원전 239년에 죽을 때까지 마케도니아 왕국을 통치했으며, 그의 가문은 기원전 146년 로마 제국이 왕조를 폐하기 전까지 계속 왕위를 지켰다. 안티고노스는 그리스의 전략적 요충지인 코린토스에 주둔군을 배치했고, 아테네·로도스·페르가몬 등 다른 폴리스는 독립국으로 대우하여 실질적인 자유를 부여했다.

한편, 이집트 지역을 다스리던 프톨레마이오스 왕조는 안티고노스 왕조와 그리 사이가 좋지 않았다. 기원전 267년, 이집트 지역을 통치하던 프톨레마이오스 2세는 그리스의 여러 폴리스를 선동해 안티고노스에 대한 반란을 일으키도록 꾀했다. 이 작전은 성공했다. 그리스에서 아테네의 지도자 크레모니데스의 이름을 딴 크레모니데스 전쟁(기원전 266~기원전 261)이 일어났다. 아테네가 주도하여 마케도니아에 대항한 전쟁이었다.

이 전쟁의 결과 그리스의 폴리스들이 크게 패배했고, 아테네는 독립국으로서의 지위와 민주주의 정치 체제, 둘 다를 한꺼번에 잃고 말았다. 이로써 아테네는 정치적 중심지로서의 역할을 잃었고, 다만 그리스에서 가장 크고 부유하고 화려한 도시로 남게 되었다.

기원전 255년에 이르자 안티고노스는 에게해 남동부에 위치한 코스섬에서 이집트 함대를 격파했다. 이 결정적인 승리로 그는 로도스를 제외한 에게해 섬들을 모두 지배하게 됐다. 프톨레마이오스 2세의 꾀는 오히려 안티고노스의 정치력을 강화하는 결과를 낳고 만 것이다.

기원전 239년 무려 37년의 재위를 마치고 안티고노스 2세가 죽었다. 그가 죽자 펠로폰네소스반도 북부에 있던 여러 폴리스에서 반란이 일어났다. 시키온 출신의 아라토스가 여러 폴리스를 선동하여 반란군을 끌어모았던 것이다. 하지만 이 반란을 제압해야 할 안티고노스의 아들 데메트리오스 2세는 기원전 229년 이른 나이에 죽고 말았고, 그의 어린 아들 필리포스 5세도 나라를 이끌 힘이 없었다.

그래서 안티고노스 도손이 필리포스 5세의 섭정이 되었다. 명목상 프톨레마이오스의 지배를 받은 아카이아인은 사실상 독립 상태였으며, 그리스 남부의 대부분을 장악하고 있었다. 아테네는 이에 적당히 동의를 표시하며 이 전쟁에 거리를 두었다.

스파르타는 다른 동맹에 속하지 않고 독자 노선을 펴는 경향이 많았고, 아카이아인과 적대 관계를 지속했다. 기원전 227년 스파르타의 왕 클레오메네스 3세는 아카이아를 침공하여 연맹의 주도권을 잡았다. 아라토스는 가까이 있는 스파르타보다 멀리 떨어진 마케도니아를 선호하여 도손과 동맹을 맺었다. 그런데 기원전 222년 도손은 스파르타를 물리치고 그들의 도시를 병합했다. 이 일로 인해 스파르타 본토는 처음으로 다른 폴리스에 의해 점령당하고 말았다.

기원전 221년 도손이 죽자 필리포스 5세가 마케도니아 왕국의 왕위에 올랐다. 그는 알렉산드로스 대왕에 비견될 정도로 매력적이고 카리스마 넘치는 젊은이였다. 오죽하면, '헬레네인의 사랑을 받는 자'(ἐρώμενος τῶν Ἑλλήνων, beloved of the Hellenes)라는 별명을 얻었겠는가. 기원전 215년 제2차 포에니 전쟁이 이탈리아에서 벌어지자 그는 카르타고의 장군 한니발과 동맹을 맺고 일리리아에 있는 로마의 속국들을 공격했다.

그러나 기원전 215년 필리포스는 로마의 적 카르타고와 동맹을 맺었다. 이 때문에 로마는 처음으로 그리스 문제에 직접적으로 연관을 맺게 된다. 로마는 즉시 아카이아 도시들을 꾀어 필리포스에 대한 명목상의 충성을 버리도록 했으며, 로도스와 페르가몬과 동맹을 맺어 소아시아의 맹주로 떠올랐다. 기원전 212년 제1차 마케도니아 전쟁이 일어나 기원전 205년에 끝이 났다. 기원전 202년 로마가 제2차 포에니 전쟁에서 카르타고를 무찌르자 로마군의 시선은 마케도니아 지역으로 향했다.

이윽고 기원전 198년에 제2차 마케도니아 전쟁이 일어났다.

이때 그리스 동맹국들은 필리포스를 배신하고 로마 측에 가담했다. 그 결과 기원전 197년 필리포스는 퀴노스케팔라이에서 로마의 전임 집정관인 티투스 퀸크티우스 플라미니누스에게 결정적인 패배를 당했다.

로마의 플라미니누스는 온건한 인물로 그리스 문화를 숭상했던 인물이다. 하지만 필리포스는 로마군에 패배하자 자신의 모든 함대를 로마군에 넘겨줘야 했다. 마케도니아가 로마의 동맹국 수준으로 전락하고 마는 순간이었다.

기원전 196년 바다의 신 포세이돈을 기리는 이스트모스 경기(이스트미아 제전)가 열렸다. 이 경기 대회에서 플라미니누스는 코린토스와 칼키스에 로마군을 주둔하는 조건으로 모든 그리스 폴리스에 독립을 선언했다. 이 선포는 로마가 그리스 세계에 자유를 보장해주는 것처럼 보였다. 하지만 이 약속은 달콤한 꿈에 불과했다. 실제로는 로도스를 제외한 모든 그리스의 폴리스들이 로마가 주도하는 연맹에 가입해야 했다. 그들은 물론 로마의 지시를 따라야 했다. 당초 기대했던 것과 달리 각 폴리스에는 민주주의 정치 제도가 회복되지 못했다. 그 대신 로마 세력과 손을 잡은 귀족들이 주도하는 귀족정이 실시됐다.

셀레우코스 왕조의 안티오코스 3세가 '대왕' 칭호를 받다

기원전 192년 오리엔트 지역에 웅거하고 있던 안티오코스 3세가 1만 명의 병력을 이끌고 그리스 본토를 침략했다. 옛 페르시아 일대의 광대한 영토를 차지한 채 서아시아와 유럽으로 진출하고자 했던 것이다. 셀레우코스 왕조의 여섯 번째 왕이었던 안티오코스 3세(재위: 기원전 223~기원전 187)는 주목할 만한 인물이다. 알렉산드로스 대왕 다음으로 넓은 영토를 다스렸기에 '대왕'이라는 영예로운 칭호를 받았다. 그는 로마에 대항하는 헬레니즘 세계의 상징적인 존재였다.

하지만 강성한 로마군은 안티오코스 3세의 야망을 꺾고 말았다. 기원전 191년 마니우스 글라브리오가 이끄는 로마군이 테르모필라이에서 셀레우코스 군대를 막아 소아시아로 물러나게 했던 것이다. 이 전쟁을 계기로 로마군은 처음으로 소아시아에 발을 디뎠다.

소아시아에서 그들은 마그네시아 전투를 통해 안티오코스를 다시 격파했다. 그리스 세계는 이제 서쪽뿐 아니라 동쪽에서도 로마의 군대를 바라보게 되었다. 전쟁 후 맺은 아파메아 조약을 계기로 셀레우코스는 소아시아를 포기했고, 로마는 그리스와 소아시아에 대한 패권을 확립했다. 이제 로마는 지중해 일대에서

제5장 헬레니즘 제국의 멸망과 부활

유일한 강국으로 급부상했다.

이후 몇 년간 로마는 그리스 정계에 깊이 관여하게 되었다. 그리스의 여러 폴리스들이 다투는 와중에 정치적으로 열세에 처한 세력들이 로마에 가서 도움을 구했기 때문이다. 한때 '헬레네인의 사랑을 받는 자'라는 칭호로 불렸던 마케도니아의 필리포스 5세는 좌절감에 빠질 수밖에 없었다. 그는 로마의 끊임없는 공격 앞에 마케도니아의 국력이 쇠약해지는 과정을 지켜보다가 기원전 179년에 사망했다.

필리포스 5세의 뒤를 이은 페르세우스는 겨우 아홉 살의 나이에 마케도니아의 마지막 왕으로 즉위했다. 마케도니아는 부흥의 과업을 이루기에는 너무 취약한 상태로 쇠락해 있었다. 로마의 동맹국인 페르가몬의 왕 에우메네스 2세는 이 기회를 놓치지 않았다. 그는 페르세우스가 로마에게 잠재적인 위협이 될 것이라 보고하며 로마로 하여금 마케도니아를 멸망시키도록 충동했다.

에우메네스가 꾸민 음모로 로마는 기원전 171년, 마케도니아에 또다시 전쟁을 선포했다. 쇠약해질 대로 쇠약해진 마케도니아에 무려 10만의 로마군 병력이 파병됐다. 이로써 마케도니아는 로마로부터 세 번째 공격을 막아내야 했다. 마케도니아가 이미 패색이 짙었기 때문에, 페르세우스 왕은 다른 그리스 폴리스의 지원을 이끌어내지도 못했다. 마케도니아는 그렇게 3년을 버텼지만, 기원전 168년 피드나 전투에서 패배해 끝내 멸망에 이르렀다. 이 전투는 안티고노스 왕조의 종말과 동시에 그리스 세계에서 로마의 주도권을 선포한 전투였다. 이제 로마인은 동쪽으로 뻗어나갈 발판을 마련하게 됐다.

마케도니아의 마지막 왕이 된 페르세우스는 포로가 되어 로마로 압송되었고, 마케도니아 왕국은 네 개의 소국으로 분할되었다. 로마의 동맹국이었던 로도스 왕국과 페르가몬 왕국도 사실상 독립을 잃고 로마의 통치를 받는 신세로 전락했다.

프톨레마이오스 왕조가 쇠퇴의 길을 걷다

프톨레마이오스 왕조는 알렉산드로스 휘하에 있던 장군, 프톨레마이오스 1세 소테르에 의해 개창되었다. 그는 이집트에 안정된 기반을 확보한 뒤, 다른 디아도코이 사이에서 절대강자가 나타나지 않도록 여러 술수를 부렸다. 따라서 많은 역사가들은 프톨레마이오스 1세가 애초부터 통일 제국에 관심이 없었으며, 이집트에서 자신만의 왕국을 만들려 했다고 생각한다. 물론 프톨레마이오스 1세나 그 후계자들이 이집트 외부나 그리스 일대에서 활발한 정복이나 외교 활동을 벌인 것은 사실이다. 하지만 이는 영토를 크게 넓히려는 것이 아니라 이집트 본토의 안전을 확보하기 위한 것으로 보인다.

프톨레마이오스 왕조의 이러한 초기 전략은 성공했다. 부친으로부터 안정된 왕국을 물려받은 프톨레마이오스 2세 필라델포스는 평화롭게 내정에 치중하며 번영을 누릴 수 있었다. 그 아들 프톨레마이오스 3세 에우에르게테스는 강력한 국력을 바탕으로 셀레우코스 왕조와 전쟁을 일으켜 바빌론까지 밀어붙이는 기염을 토했다. 전쟁 이후 실제로 획득한 영토는 시리아 일대에 한정됐지만, 프톨레마이오스 3세는 동부 지중해 해안가 전체를 차지하여 왕조의 최전성기를 누렸다.

하지만 그 뒤를 이어 프톨레마이오스 4세가 집권하자 국력이 쇠하기 시작했다. 비록 라피아 전투에서 안티오코스 3세의 어이없는 실수 덕분에 승리를 거두고 왕국을 무사히 보존하긴 했다. 하지만 프톨레마이오스 4세는 내정에 무능했으며 측근들의 부정부패를 막지 못했다. 그리스-마케도니아인에 대한 이집트 피지배층의 반감도 극에 달해 무려 20년에 걸친 대규모 반란이 일어나기도 했다.

기원전 205년 프톨레마이오스 4세가 죽은 뒤 그 아들 프톨레마이오스 5세 에피파네스가 즉위했으나, 나이가 어렸으므로 섭정을 두었다. 이에 셀레우코스 왕조의 안티오코스 3세가 마케도니아의 필리포스 5세와 동맹을 맺고 프톨레마이오스 왕조의 해외 영토들을 차지하기 시작했다. 에게해와 아나톨리아 일대의 전초기지들은 마케도니아에게 빼앗겼고, 기원전 198년 파니온 전투에서 안티오코스 3세에게 대패하여 시리아·팔레스타인·유대 일대를 모두 잃었다.

이후 프톨레마이오스 왕조는 서방에서 급부상하던 로마와 동맹을 맺었다. 때마침 기원전 190년 셀레우코스 왕조의 안티오코스 3세가 마그네시아 전투에서 로마에게 참패하면서 셀레우코스 왕조의 압박으로부터 잠시 자유로울 수 있었다. 하지만 셀레우코스 왕조의 압박은 집요하게 계속되었다. 기원전 170년 프톨레마이오스 6세 필로메토르는 안티오코스 4세 에피파네스에게 패배했다. 만약 로마의 개입이 없었다면 프톨레마이오스 6세는 바로 목숨을 잃었을 것이다.

하지만 안티오코스 4세가 허수아비로 세워놓은 프톨레마이오스 6세의 동생 에우에르게테스가 왕위를 주장하며 서로 다투자, 또다시 로마가 개입하게 되었다. 그 결과 이집트 지역에 대한 로마의 영향력은 더욱 강해진 반면, 프톨레마이오스 왕조의 세력은 더욱 빠른 속도로 약화됐다.

프톨레마이오스 6세는 가까스로 왕위를 지켰으나, 기원전 145년 안티오케이아 전투에서 전사했다. 그의 갑작스러운 죽음으로 어린 아들 프톨레마이오스 7세 네오스 필로파토르가 왕위를 계승했다. 하지만 그 역시 얼마 가지 못해 삼촌 에우에르게테스에게 죽임을 당했다. 이후 프톨레마이오스 왕조는 가족들 간의 치열한 왕위 쟁탈전으로 계속 약화되었다. 그 결과 프톨레마이오스 왕조는 멸망하기 이전부터 사실상 로마의 보호국 수준으로 전락하고 말았다.

02

헬레니즘 제국이 멸망하고 로마가 번영하다

마케도니아 주민은 로마가 영향력을 키우는 모습을 앉아서 지 켜만 보고 있지 않았다. 기원전 149년 안드리코스가 마케도니아 주민들을 선동하여 로마에 반기를 들었다. 안드리코스는 자신이 필리포스 왕의 아들임을 주장하며 군대를 이끌었다. 하지만 그 의 반란은 금세 진압되고 말았다. 이듬해 마케도니아 지역은 그 리스 지역 최초로 로마 속주에 편입되고 말았다.

로마는 그리스 세계의 마지막 보루였던 아카이아 연맹을 해 체하도록 요구했다. 아카이아인은 이 요구를 단호하게 거절했 다. 이들은 로마에 전쟁을 선포했고, 그리스 폴리스의 대부분이 아카이아의 편에 섰다. 일부 폴리스에서는 노예들을 해방시켜서 그리스 세계를 수호하는 전쟁에 참여시켰다. 로마 집정관 루키우스 뭄미우스는 마케도니아에서 진격해 코린토스에서 그리스인을 제압하고 도시를 완전히 파괴했다.

기원전 146년, 섬들을 제외한 그리스 본토의 모든 폴리스들이 로마의 보호령이 됐다. 이로써 그리스 폴리스의 주민들이 로마인의 통치를 받게 된 것이다. 기원전 133년에는 페르가몬 왕국의 마지막 왕이 세상을 떠나면서 자신의 왕국을 로마에 통째로 넘겨주었다. 그리하여 아나톨리아반도의 서부 일대가 로마령 아시아 속주의 일부로 편입되고 말았다.

그러나 이대로 무너질 그리스인이 아니었다. 그리스인은 로마에 최후의 일격을 가할 준비를 하고 있었다. 기원전 88년 폰토스의 미트리다테스가 로마에 반란을 일으킨 것이다. 그의 군대는 10만 명이 넘는 로마인과 로마의 소아시아 동맹국 사람들을 학살했다. 비록 미트리다테스는 그리스인이 아니었으나, 아테네를 포함한 여러 그리스 폴리스들은 허수아비처럼 앉아 있는 지도자들을 몰아내고 미트리다테스의 반란에 합류했다. 그러나 이 반란의 기세를 꺾은 자가 나타났으니 바로 로마 장군 루키우스 코르넬리우스 술라였다. 패색이 짙은 미트리다테스는 마침내 기원전 65년 그나이우스 폼페이우스 마그누스(대 폼페이우스)가 이끄는 군대에 패배했다. 이로써 소아시아 일대는 로마의 군사력에 무릎을 꿇고 말았다.

하지만 로마의 정치 상황도 복잡하기는 마찬가지였다. 제1차 삼두정치의 승자 카이사르가 암살되고 제2차 삼두정치가 이어졌다. 로마는 또다시 내전으로 휩싸였다. 내전 끝에 결국 권력을 잡은 아우구스티누스는 기원전 27년에 그리스를 로마 제국의 아카이아 속주에 직접 편입했다. 로마와 투쟁하면서 그리스 세계는 인구 감소와 정치적 혼란에 시달렸다. 그러나 전쟁이 끝나자 아테네·코린토스·테살로니카·페트라스와 같은 폴리스들은 곧 재건되어 다시 번영을 누리게 되었다.

로마인의 시대가 펼쳐지다

헬레니즘 시대는 대체로 로마가 그리스 본토 대부분을 정복하고 고대 마케도니아 전체를 흡수한 기원전 146년에 끝난 것으로 볼 수 있다. 로마의 세력이 강성해져 지중해 세계에서 패권을 누리게 된 이 시대부터 '로마 시대'라고 부른다. 하지만 일부 학자들은 헬레니즘 시대가 끝난 것을 기원전 31년으로 보기도 한다.

기원전 31년은 그 유명한 악티움 해전이 일어났던 해이다. 이

해전에서 옥타비아누스는 안토니우스와 클레오파트라의 연합
군과 싸워서 승리했다. 이때 이집트가 패망하면서 마지막 헬레
니즘 왕국인 프톨레마이오스 왕조가 로마에 정복되었다. 이로써
결국 헬레니즘 문명의 패권은 완전히 몰락했다.

로마 제국은 기원전 2세기~기원전 1세기에 그리스를 차차 잠
식하고, 기원전 30년 마침내 이집트마저 정복함으로써 지중해
전역을 지배하게 되었다.

그러나 로마인이 그리스인의 정신까지 정복할 수는 없었다.
오히려 그리스의 문화와 언어가 로마인에게 큰 영향을 미쳤다.
수도 로마에서도 그리스어가 널리 쓰였을 뿐 아니라, 그리스어
를 유창하게 구사하는 것이 로마의 상류층들에게 큰 자랑이 되
었다. 이러한 진기한 현상에 대해서 로마의 시인 호라티우스는
다음과 같이 꼬집었다.

"그리스는 로마의 군사력에 무릎을 꿇고 정복을 당했다. 하지만
야만적인 승리자인 로마를 정복한 것은 오히려 그리스인이었다.
그뿐 아니라 그리스인은 로마인이 살던 척박한 라티움 지역에 자
신들의 고급 문화도 전파했다."

03

여러 역사가가 알렉산드로스에 대한 기록을 남기다

알렉산드로스가 고대 세계에 남긴 막강한 영향력으로 인해 수많은 역사가들이 알렉산드로스의 행적을 기록으로 남겼다. 하지만 수십 편 이상의 책이 이미 유실돼 찾을 길이 없다. 다행스럽게도 아리아노스·플루타르코스·디오도로스·쿠르티우스·유스티누스 등이 남긴 저술이 오늘날까지 전해지고 있다. 이들이 남긴 기록은 상당히 정확해서 알렉산드로스가 정복했던 영토에서 나온 각종 비문을 통해서 이 저술들의 진위 여부를 확인할 수 있을 정도이다.

알렉산드로스 대왕의 업적과 활동에 대한 기록을 많이 남긴 디오도로스 시켈로스는 시칠리아 출신의 역사가였다. 그는 카이사르·아우구스투스와 동시대 인물이었다. 그의 책은 기원전 60년부터 기원전 30년 사이의 역사를 기록한 『역사 총서 (Bibliotheca Historica)』 가운데 일부만 전해지고 있다. 본래 3부 40권으로 이뤄져 있었지만, 현재 여러 나라의 건국 신화가 담긴 제1권부터 제5권까지, 제11권에서 제20권까지 온전히 남아 있다고 한다. 이 제11권부터 제20권 사이의 내용은 기원전 480년부터 기원전 302년까지 있었던 역사적 사실들을 모아 정리한 「연대기」이다.

이 「연대기」에 알렉산드로스 대왕에 대한 풍부한 기록이 남아 있다. 특히 이 책의 「서문」에서 그는 알렉산드로스를 세계 역사상 유례를 찾아볼 수 없을 정도로 특출한 지휘관으로 묘사했다. 『역사 총서』의 내용은 주로 선대의 역사학자들이 남긴 저서의 내용을 잘 정리한 것이어서 당대의 독자들에게는 그리 새로운 내용이 아니었을 것이다. 하지만 디오도로스가 참고했던 기존의 책들이 오늘날 거의 다 유실되었기 때문에 그가 남긴 자료의 가치는 대단히 크다.

한편, 아리아노스는 2세기 로마에서 활동했던 그리스인 출신의 정치가였다. 그는 하드리아누스 황제로부터 정치적인 능력을 인정받아 속주 총독·집정관 등으로 임명되었다.

그뿐 아니라, 아리아노스는 철학과 역사·지리 등 다방면에서 저작 활동을 했다. 그가 남긴 저서 가운데 가장 유명한 것은『알렉산드로스 원정기』이다. 이는 현존하는 알렉산드로스 대왕의 전기 가운데 가장 신뢰할 수 있는 것으로 평가받고 있다.

다만, 이 책은 군사적인 측면에 치중하다보니 정치에 대한 서술은 다소 부족하다는 평을 받기도 한다. 아리아노스는 간혹 알렉산드로스 대왕을 지나치게 영웅시하기도 했다. 그는 알렉산드로스가 위대한 성취를 달성할 수 있었던 이유로 아킬레우스 등 고대의 영웅과 경쟁하고자 하는 '숭고한 시기심'을 꼽을 정도였다.

그러나 4세기 초 콘스탄티누스 황제에 의해 크리스트교가 공인된 이후로 로마의 고전 문화가 약화되자, 알렉산드로스는 점차 역사의 뒤안길로 접어들게 되었다. 그는 동성애자였다는 의혹을 받는데다, 오리엔트의 종교와 문화를 인정해 동서 문화 융합 정책을 펼쳤던 이력을 가지고 있는 인물이다. 따라서 그는 크리스트교 세계에서 결코 공감 받을 수 없었으며, 더 이상 매력적인 인물도 아니었다.

그 뒤에 찾아온 중세 1,000년의 크리스트교 세계 속에서도 그의 이름은 부정적으로 인식됐다. 인류에 대한 사랑과 자선을 강조했던 크리스트교도에게 무력으로 영토 확장에 매진했던 고대 제국의 왕 알렉산드로스는 너무나도 이질적인 존재가 아니었을까?

근대 이후 알렉산드로스 대왕의 업적이 재조명되다

알렉산드로스 대왕의 업적이 다시 주목받게 된 것은 훨씬 뒤의 일이었다. 제국주의가 한창이던 18세기~19세기 무렵이 되자 유럽인은 알렉산드로스의 생애를 주의 깊게 조명했다. 특히 19세기 중엽 이래 프랑스 교육부는 중등학교 학생들에게 알렉산드로스의 업적에 대해서 매우 긍정적으로 가르쳤다.

그 당시 쓰여진 역사서에서 알렉산드로스는 평화, 민족들 간의 화해, 도시화와 무역의 발달, 정복자들의 선진 문화의 확산 등을 추구한 위대한 통치자로 묘사되었다. 18세기 전후로 알렉산드로스가 각종 회화 작품에서 이상적인 군주의 모습으로 그려지게 된 것도 이러한 사회 맥락과 무관하지 않다.

프랑스의 통치자 나폴레옹(재위: 1804~1815) 역시 알렉산드로스에 대해서 대단히 우호적인 평가를 내렸다. 나폴레옹은 아마도 알렉산드로스의 오리엔트 원정을 자신의 영토 확장 전쟁을 정당

- **병사가 바치는 물을 사양하는 알렉산드로스 대왕**

  마케도니아 군대가 사막을 행군할 무렵 알렉산드로스가 목이 밀랐는데, 한 병사가 물을 빌견하자 자신의 투구에 물을 담아와서 그에게 바치는 장면이다. 그는 병사들의 사기를 떨어뜨릴 것이 염려되어 물을 거절했다고 한다. 이 그림에서 알렉산드로스는 부상을 입은 병사들에게 물을 양보하는 손짓을 하고 있다. 이탈리아의 화가 카데스가 그린 1792년 작품이다.

화해주는 역사 속의 근거로 생각했을 것이다.

그뿐 아니라 알렉산드로스의 통치 방식은 19세기 유럽 제국주의의 한 모범이 되기도 했다. 프랑스는 알렉산드로스의 식민지 경영 방식을 응용하여 아프리카의 모로코에서 보호령 제도를 실시하기도 했다.

또 하나 주목할 만한 사실은 19세기에 간다라 미술에 대한 관심이 늘어나며 알렉산드로스의 오리엔트 원정이 재조명됐다는 점이다. 간다라 왕국은 7세기 후반 이슬람 세력의 침입을 받은 후로 1,000년이 넘는 시간 동안 이슬람 세력의 지배를 받았다. 그 땅을 점령한 세력들은 우상을 파괴한다는 명목으로 간다라 지역의 불상과 사원을 파괴해버렸다. 따라서 간다라 미술은 한동안 완전히 잊히고 말았다. 그러다가 오늘날 간다라 미술이 새롭게 발견된 것은 유럽인에 의해서였다.

유럽에서는 15세기경부터 고대 유물에 대한 관심이 높아지고 수집 활동이 활발해졌다. 18세기 무렵에는 이런 움직임이 본격화되어 지중해 세계의 유물뿐 아니라 이집트와 페르시아·인도의 유물에도 많은 관심이 쏠렸다. 이 가운데에서도 간다라 유물은 신비롭고 흥미로운 고대 유물로 여겨져 유럽인의 호기심을 자극했다.

유럽 각국은 16세기경 인도에 본격적으로 진출했는데, 이 과정에서 주도권을 잡았던 나라는 영국이었다. 영국은 1600년에 동인도회사를 설립한 이후 포르투갈·프랑스를 차례로 물리쳤다. 영국은 아프가니스탄을 완충지대로 삼고 러시아와 대치하며 인도를 실질적으로 지배했다.

이 와중에 영국군 장교 엘핀스턴은 인도 서북 지역을 자주 답사하며 간다라 유물을 보고 신선한 충격을 받았다. 그는 유럽인

최초로 간다라 유물에 대한 자세한 기록을 남겼다. 하지만 무분별한 발굴 과정에서 유물이 훼손되거나 약탈되는 일들이 벌어지기도 했다. 본격적인 학술 조사가 시작된 시기는 19세기 말이었다. 인도의 총독으로 부임한 커즌이 막대한 자금과 인원을 투입하여 간다라 미술에 대한 체계적인 조사를 지시했다. 1947년 파키스탄이 인도로부터 독립한 이후로 파키스탄 정부는 여러 나라의 고고학자들과 협동하여 페샤와르 분지·탁실라·스와트 일대에 흩어져 있는 간다라 유적 발굴과 보존 작업을 활발히 전개해오고 있다.

오늘날 대한민국의 중등교육 과정에서도 알렉산드로스는 빠질 수 없는 인물이다. 『세계사』 교과서를 보면 알렉산드로스 장군의 활동과 헬레니즘 제국의 특징에 잘 소개되어 있다. 또한 간다라 미술에 대해서도 한국의 석굴암 본존불에 영향을 주었다는 설명이 나온다. 알렉산드로스에 대한 이야기는 2,300여 년이 지난 지금까지도 전해지고 있는 것이다. 그것도 유럽이나 오리엔트 지역이 아니라, 마케도니아로부터 저 멀리 떨어진 유라시아 대륙의 동쪽 끝 대한민국에서 말이다.

이처럼 알렉산드로스가 세계사에 남긴 독특하고 광범위한 자취는 '전무후무'한 일대 사건이 되어 좀처럼 지우거나 가질 수 없을 정도가 되었다. 앞으로도 인류는 불꽃처럼 뜨겁게 살았던 이 인물의 이름을 계속 기억할 것이다. 이 시대를 살아가는 청소년들이 알렉산드로스로부터 용기와 결단력, 그리고 불굴의 도전 정신을 배워 21세기를 적극적으로 개척해가기를 기대한다.

플럽러닝

제2의 알렉산드로스가 되기를 꿈꾼
에피로스의 왕 피로스

피로스(재위: 기원전 307년경~기원전 303, 기원전 297~기원전 272)는 그리스 북서쪽에 위치한 에피로스 왕국의 왕이었다. 알렉산드로스 대왕과 인척 관계에 있던 피로스는 알렉산드로스를 닮아서 야심에 찬 왕이었다. 그는 뛰어난 전사이기는 했지만, 변덕이 심해서 어떤 일이든지 큰 성과를 내지 못하고 있었다. 늘 새로운 모험만을 찾았기 때문이다. 그는 마케도니아의 왕위를 얻을 수 있었던 기회를 두 번이나 놓치고 말았다. 그런데 이탈리아의 타렌툼에서 피로스에게 원군을 요청했다.

'제2의 알렉산드로스'가 되기를 열망하고 있던 피로스에게는 둘도 없는 기회였다. 상대는 이탈리아 내륙을 거의 다 차지하여 신흥 강대국으로 부상하고 있던 로마였다. 피로스는 기병대와 코끼리 부대를 이끌고 아드리아해를 건너 로마군과 싸웠다.

• 에피로스 왕국과 로마의 전투
에피로스 왕국의 피로스 왕은 타렌툼의 요청을 받아 이탈리아 반도와 시칠리아섬을 침략하여 로마군과
여러 차례 전투를 벌였다. 침략하여 로마군과 여러 차례 전투를 벌였다.

하지만 피로스의 군대는 많은 대가를 치르고 가까스로 승리했
다. 여기에서 '피로스의 승리'라는 말이 나왔다. 패전과 다름없는
대가를 치르고 얻은 승리를 풍자적으로 일컫는 표현이다.

그러나 피로스의 불운은 여기에 그치지 않았다. 그는 마케도
니아의 패자가 되고자 군대를 이끌고 아르고스라는 폴리스를 공
격했다. 그때 공교롭게도 한 노파가 던진 기왓장에 머리를 맞고

쓰러졌고, 다른 병사에 의해 목이 잘려 죽었다. 기원전 272년의 일이다. 알렉산드로스 대왕과 같이 되고자 했던 야망은 결국 허망하게 물거품이 되고 말았다. 역사가 플루타르코스는 피로스에 대해서 이런 평가를 내렸다.

"그는 고요히 자리를 지키면서 살지를 못하고, 전쟁을 갈구하며 전쟁만을 생각했다."

제2의 알렉산드로스가 되기를 꿈꾸었던 사나이 피로스는 '제2의 알렉산드로스'가 용기와 의지만으로 되는 것이 아니라는 교훈을 분명히 보여준다.

칭기즈 칸의 꿈을 계승했던 티무르

피로스는 제2의 알렉산드로스가 되기 위해서 노력했다. 이와 비슷한 인물이 세계사 속에 또 있다. 중앙아시아의 몽골·튀르크계 군사 지도자이며, 티무르 제국의 창시자인 티무르(재위: 1370~1405)이다. 그는 칭기즈 칸의 직계 후손임을 자처하면서 몽골제국의 재건을 선언했다. 그래서 칭기즈 칸이 쌓아 올렸던 세계 제국의 꿈을 이상으로 삼아 끊임없이 원정길에 나섰다. 그래서 그는 각종 전투에서 승리하여 사마르칸트를 중심으로 실크로드 일대를 정복했다. 그리고 실크로드의 동쪽 중심지인 명나라를 원정하기로 결정했다.

그러나 원정길에 나선 그는 1405년에 갑작스럽게 병사하고 말았다. 티무르가 죽은 뒤, 제국은 급속도로 쇠약해졌다. 이로써 칭기즈 칸에 이어 유라시아 대륙을 통일하고자 했던 꿈은 물거

· **사마르칸트에서 연회를 베풀고 있는 티무르**
청기즈 칸의 직계 후손임을 자처한 티무르는 사마르칸트를 중심으로 대제국 건설을 꿈꾸었지만, 갑자기
병사하고 말았다. 그림의 중앙에 있는 인물이 티무르이다.

품이 되고 말았다.

세계사 속에서 이처럼 다른 인물이 이룩한 업적을 모방하거
나 다시 재현하려고 하는 사람들은 왜 이와 같이 야망을 이루지
못하고 실패를 하는 것일까? 나름대로 가설을 세워보자. 그리고
혹시 성공한 인물이 있다면 조사해보자.

맺음말

알렉산드로스 대왕의 이야기가 우리에게 주는 교훈은 무엇일까?

알렉산드로스 대왕과 그가 남긴 제국의 이야기를 이렇게 한 권의 책으로 펴낼 수 있다는 것은 내게 큰 특권이다. 학창시절, 알렉산드로스 대왕은 내게 영웅과도 같은 존재였기 때문이다. 나는 아직도 중학생 시절, 세계사 수업 시간에 선생님이 알렉산드로스 대왕에 대해서 이야기를 해주셨던 기억이 생생하다. 심지어 교과서에 들어 있던 그의 조각상과 헬레니즘 제국의 영토를 그린 지도는 지금까지도 나의 기억 속에 각인되어 있다. 10대 중반의 나에게 알렉산드로스의 모험과 도전은 대단히 흥미진진한 주제였던 모양이다.

알렉산드로스는 다양한 매력을 갖춘 인물이다. 그는 정말 '짧고 굵게' 살았던 인물이다. 그는 기원전 356년부터 기원전 323년까지, 불과 30여 년간 살았을 뿐이다. 그럼에도 그가 남긴 연전연승의 전쟁 이야기는 차고도 넘친다. 그가 남긴 수많은 전쟁 이야기를 하나하나 떠올려보면 현기증이 날 정도이다. 알렉산드로스는 지칠 줄 모르는 모험가였고, 지혜로운 전략가였으며, 영광스러운 승리를 사모했던 탁월한 장군이자, 적장의 어머니까지도 따뜻하게 대우했던 덕장이었다.

알렉산드로스는 원대한 이상을 이루기 위해 그 누구보다도 숨가쁘게 달리며 '불꽃처럼' 살았던 인물이었다. 알렉산드로스는 기원전 334년에 오리엔트 원정을 시작해, 페르시아 제국을 패망시키고 인더스강 유역까지 점령했다. 그가 남긴 승리와 업적은 실로 눈부셨다. 그의 용맹은 헤라클레스 같은 고대 그리스 신화 속 영웅과 비견될 정도로 탁월했다.

하지만 교직 생활에 10여 년간 몸담은 뒤에 알렉산드로스를 다시 살펴보니, 이번에는 다른 모습이 보였다. 문득 알렉산드로스의 성공 스토리 뒤에서 씁쓸한 맛을 느꼈던 것이다. 나는 알렉산드로스 주변에 있던 사람들이 그를 어떻게 느꼈을지 궁금해졌다. 어떤 사람들은 알렉산드로스의 승리 소식을 듣고 그의 지혜와 용맹을 찬양했을 테지만, 한숨을 쉬며 이렇게 말하는 사람도 있었을 것이다.

"아, 알렉산드로스 한 명의 허영심 때문에 이번 전투에서도 얼마나 많은 이들이 죽음을 당하거나 부상을 입었을까!"

실제로 이미 당대에 어떤 이들은 알렉산드로스를 단순히 '전쟁광'이라는 단어로 폄하하기도 했다. 그들의 눈에 알렉산드로스는 살육과 방탕을 즐기는, 통제할 수도 없고 예측할 수도 없는 독재자였을 것이다.

불현듯 애니메이션 〈아기공룡 둘리〉가 떠오른다. 이 애니메이션을 보고 둘리를 가엽게 여기는 사람은 아직 철이 덜 든 것이고, 고길동 아저씨를 불쌍하다고 여기면 철이 든 것이라는 우스갯소리가 있다. 언뜻 보면 둘리가 측은해 보이지만, 가만히 생각해보면 갑작스레 생활의 불편과 고초를 겪게 되는 고길동 아저씨의 처지가 딱하다.

알렉산드로스의 삶도 언뜻 보면 위대한 승리로 가득해 보인다. 하지만 그 자신은 살면서 얼마나 행복감을 느꼈을지 궁금하다. 알렉산드로스는 원정을 시작한지 10여 년 후인 기원전 323년, 계획했던 아라비아반도 원정을 시작하지 못한 채 바빌론에서 사망했다. 알렉산드로스는 생의 마지막 순간에 과거를 되돌아보며 어떠한 생각을 했을까? 알렉산드로스가 세운 제국은 그가 죽자마자 혼란에 휩싸였고, 여러 장군들 사이에 치열한 권력 쟁탈전이 벌어졌다. 알렉산드로스는 자신을 따르던 장군이 자신의 아내와 아이를 모두 죽일 것을 미리 알고 있었을까?

알렉산드로스가 연 헬레니즘 시대는 약 300년 동안 지속되며 화려한 문화를 자랑했다. 하지만 알렉산드로스가 추구했던 꿈과 야망은 과연 그토록 많은 사람의 죽음과 희생만큼 가치 있는 것이었을까? 알렉산드로스의 군대가 살상했던 수많은 인명들은 과연 의미 있는 죽음을 당한 것일까? 알렉산드로스의 편에 서서 그를 위해 싸웠던 장병들은 과연 영광스럽게 전사했던 것일까?

알렉산드로스의 생애를 통해서 내가 배운 교훈은 이것이다. "인간은 불굴의 투지와 과감한 결단력으로 목표를 달성할 수 있다. 하지만 이 목표를 달성하고도 허망하게 죽을 수도 있다." 2,300년 전이나 지금이나 인간이 처한 운명은 변함이 없다. 평생에 걸쳐, 온갖 노력을 기울여 목표를 이룬다고 해서 반드시 행복한 것은 아니다.

인생이 씁쓸한 뒷맛을 남기지 않으려면 이 두 가지 질문을 항상 떠올려야 할 것 같다. "나는 '무엇을 위해서' 이 일을 하는가?" 그리고 "'누구를 위해서' 이 일을 하는가?" 이 책을 쓰는

내내 나 자신에게 이 두 질문을 던져보았다. 나름대로 열심히 달려왔다고 생각했지만, 나와 가까운 주변 사람들을 잘 돌보지 못했다는 생각에 자책감이 들었다. 이 책을 집필하며 내 인생을 찬찬히 돌아보고 반성할 수 있는 기회를 얻어서 감사하다.

21세기를 살아가는 대한민국의 청소년도 미래의 진로를 위해, 목표를 달성하기 위해 바쁘게 전진하고 있을 것이다. 이 책을 읽은 청소년들은 알렉산드로스 대왕의 이야기를 통해 어떠한 교훈을 찾을지 궁금하다. 청소년을 비롯한 독자들이 이 책을 통해서 잠시 쉬어갈 수 있는 마음의 여유를 얻었으면 하는 바람이다.

2018년 4월 프랑스 파리에서

이근혁

참고문헌

1. 국내서적

김창성, 『사료로 읽는 서양사 1: 고대 그리스에서 로마 제국까지, 고대편』, 책과함께, 2014.

맥세계사편찬위원회, 남은숙, 『맥을 잡아주는 세계사 2: 로마사』, 느낌이있는책, 2017.

세계사신문편찬위원회, 『세계사신문 1: 문명의 여명에서 십자군전쟁까지』, 사계절, 2014.

신선희, 김상엽, 『이야기 그리스로마사』, 청아출판사, 2006.

이주형, 『간다라 미술』, 사계절, 2015.

차전환, 『로마 제국과 그리스 문화』, 길, 2016.

최진기, 『최진기의 끝내주는 전쟁사 특강 2: 세계편』, 휴먼큐브, 2014.

허승일 외, 『인물로 보는 서양고대사: 고대 그리스에서 로마제정 시대까지』, 길, 2006.

2. 번역서적

램, 로버트, 이희재 옮김, 『그림과 함께 읽는 서양 문화의 역사 1: 고대편』, 사군자, 2000.

마틴, 토머스 R., 이종인 옮김, 『고대 그리스사: 선사시대에서 헬레니즘 시대까지』, 책과함께, 2015.

번즈, 에드워드 맥널 외, 박상익 옮김, 『서양 문명의 역사 (상)』, 소나무, 2011.

브리앙, 피에르, 홍혜리나 옮김, 『알렉산더 대왕』, 시공사, 1995.

아리아노스 외, 박우정 옮김, 『알렉산드로스 원정기』, 글항아리, 2017.

와이즈 바우어, 수잔, 이계정 옮김, 『교양있는 우리 아이를 위한 세계 역사 이야기 1: 고
　대편』, 꼬마이실, 2004.

월트셔, 캐서린 외, 정은주 옮김, 『대영박물관 유물로 보는 세계사 연표: 메소포타미아,
　이집트, 그리스, 로마의 역사』, 청아출판사, 2007.

하이켈하임, 프리츠 M., 김덕수 옮김, 『하이켈하임 로마사』, 현대지성사, 1999.

3. 국외 서적

Green, Peter, *Alexander the Great and the Hellenistic Age: a short history*, Phoenix, 2008.

Rufus, Curtius, (trans.) Yardley, J.C. & Atkinson, J.E., *Histories of Alexander the Great*,
　Clarendon Ancient History Series 10, Oxford University Press, 2009.

Heckel, Waldemar, *The Wars of Alexander the Great*, Essential Histories 26, Osprey, 2002.

4. 각종 논문

Retief, Francois & Cilliers, Louise, "The death of Alexander the Great", *Acta Theologica*,
　2005, 14~28쪽.

윤진, 「마케도니아의 파르메니온」, 『서양고대사연구』 제36집, 2013, 123~153쪽.

연표

시기	내용
기원전 766	고대 그리스의 여러 폴리스가 올림픽을 개최함.
499~449	페르시아가 세 차례에 걸쳐 그리스를 침략함(페르시아 전쟁).
431~404	펠로폰네소스 전쟁으로 그리스 세계가 내전을 치름.
344	알렉산드로스가 소년 시절, 사납고 거친 말 부케팔로스를 길들임.
338	마케도니아의 필리포스 2세가 카이로네이아 전투에서 승리함.
336	필리포스 2세가 암살당함. 알렉산드로스가 마케도니아의 왕위에 오름. 다리우스 3세가 페르시아의 왕위에 오름.
335	알렉산드로스가 그리스 세계를 평정함.
334	알렉산드로스가 오리엔트 원정을 시작하고 그라니코스 전투에서 승리함.
333	알렉산드로스가 이소스 전투에서 승리함.
332	알렉산드로스가 티로스 성을 함락시키고 남진하여 이집트 멤피스에 입성함.
331	알렉산드로스가 가우가멜라 전투에서 승리함.
330	알렉산드로스가 페르세폴리스에 입성함. 페르세폴리스에 화재 발생.
329	다리우스 3세의 부하였다가 알렉산드로스에게 항복했던 호족 스피타메네스가 소그디아나와 박트리아 일대에서 반란을 일으킴.
328	호족 옥시아르테스가 반란을 일으킴.
327	알렉산드로스가 옥시아르테스의 딸인 록사나와 결혼함. 알렉산드로스가 인도 원정을 시작함.
326	알렉산드로스가 인더스강을 건너 포로스 왕과 히다스페스 강변에서 전투를 치름. 이 전투에서 승리한 뒤 회군을 결정함.

시기	내용
324	알렉산드로스가 옛 페르시아 제국의 수도, 수사(Susa)로 귀환함. 수사에서 대규모 합동결혼식을 개최함.
323	알렉산드로스가 사망함. 그리스 철학자 디오게네스가 사망함.
322	알렉산드로스의 유년기 스승이었던 철학자 아리스토텔레스가 사망함.
322~275	알렉산드로스 사후 디아도코이 사이에 권력 쟁탈전이 벌어짐.
272	제2의 알렉산드로스가 되기를 꿈꾸었던 피로스가 사망함.
267~261	그리스의 여러 폴리스들이 안티고노스 왕조 마케도니아에 반란을 일으킴(크레모니데스 전쟁).
146	마케도니아가 로마의 속주로 편입됨.
133	페르가몬 왕국의 아탈로스 3세가 왕국을 로마에 유증함.
88~65	폰토스의 미트리다테스 왕이 3차에 걸쳐 로마군과 싸웠으나 결국 패배함.
60	셀레우코스 왕조가 로마에 의해 멸망함.
31	악티움 해전에서 프톨레마이오스 왕조의 군대가 로마 군대에 패배함.
30	이집트가 옥타비아누스(훗날의 아우구스투스)에 의해 로마의 속주로 편입됨으로써 헬레니즘 시대가 종식됨.

생각하는 힘-세계사컬렉션 07

알렉산드로스와 헬레니즘
동서융합의 대제국을 꿈꾸다

펴낸날   **초판 1쇄   2018년 5월 15일**

지은이   **이근혁**
펴낸이   **심만수**
펴낸곳   **(주)살림출판사**
출판등록   **1989년 11월 1일 제9-210호**

주소   **경기도 파주시 광인사길 30**
전화   **031-955-1350   팩스   031-624-1356**
홈페이지   **http://www.sallimbooks.com**
이메일   **book@sallimbooks.com**

ISBN   978-89-522-3850-4   04900
        978-89-522-3910-5   04900(세트)

※ 값은 뒤표지에 있습니다.
※ 잘못 만들어진 책은 구입하신 서점에서 바꾸어 드립니다.
※ 각각의 그림에 대한 저작권을 찾아보았지만, 찾아지지 못한 그림은
   저작권자를 알려주시면 그에 맞는 대가를 지불하겠습니다.

이 도서의 국립중앙도서관 출판예정도서목록(CIP)은 서지정보유통지원시스템 홈페이지
(http://seoji.nl.go.kr)와 국가자료종합목록시스템(http://www.nl.go.kr/kolisnet)에서
이용하실 수 있습니다.(CIP제어번호: CIP2018004663)

책임편집·교정교열 **서상미 박일귀** 지도 일러스트 **김태욱**